Kurt Tepperwein

W0363934

Schicksal & Bestimmung

SILBERSCHNUR

Alle Rechte – auch die des auszugsweisen Nachdrucks, der fotomechanischen Wiedergabe, der Übersetzung und der Einspeicherung und Verarbeitung in elektronischen Systemen – vorbehalten.

© Verlag »Die Silberschnur« GmbH

ISBN 3-931 652-62-9

1. Auflage 2001

Lektorat: Silva Jelen, Herrenberg
Covergestaltung: XPresentation, Boppard
Druck: Finidr, s.r.o.

Verlag »Die Silberschnur« GmbH · Steinstraße 1 · D-56593 Güllesheim

www.silberschnur.de
e-mail: info@silberschnur.de

Inhaltsverzeichnis

Kurt Tepperwein

Schicksal & Bestimmung

Einleitung

Ich freue mich, dass Menschen doch immer wieder bereit sind, einmal über den Tod nachzudenken. In der heutigen Zeit ist das eigentlich ein Tabuthema. Wenn man im Gespräch mit 40- bis 50-jährigen dieses Thema anschneidet, heißt es oft: „Sind wir nicht noch etwas zu jung, um schon an den Tod zu denken?"

Ich glaube, man kann gar nicht jung genug sein, um sich Gedanken über den Tod zu machen, denn die Erkenntnisse, die da kommen können, beeinflussen das ganze Leben. Ich glaube sogar, dass man nur dann wirklich leben kann, wenn man sich mit dem Tod ausgesöhnt hat. Man lebt dann viel intensiver und froher. Vor allem, wenn man erkannt hat, dass der Tod uns eigentlich nicht betrifft, sondern immer nur unseren Körper, also unser Werkzeug. Unser wahres Selbst ist unberührt von Geburt, Krankheit, Altern und Tod, denn es ist unsterblich. Und doch ist der Tod ein besonders wichtiges Ereignis, das zwar nicht unser Leben beendet, aber doch einen Abschnitt unseres ewigen Seins.

Nach diesem so genannten Tod heißt es, die Ernte einzubringen, aus den Erfahrungen zu lernen und sich vorzubereiten auf eine neue Erfahrung, auf einen neuen Schultag. Denn lernen und Erfahrungen machen müssen wir, bis wir das Ziel, die Vollkommenheit erreicht haben. Bis dahin verursachen wir Schicksal oder Karma. Und damit wollen wir uns in diesem Buch befassen.

Was ist Karma?

Was die Menschen Schicksal oder Karma nennen, ist bei genauerer Betrachtung nichts anderes als Schöpfung. Wir allein sind Schöpfer, Träger und Überwinder des Schicksals.

Die Art, in der sich Schicksal äußert, zeigt, wie der Urheber gedacht, gefühlt und gehandelt hat. Der Wilde glaubt an Wunder, wenn einer, der lesen kann, aus einem bedruckten Papier eine Botschaft empfängt. Genauso glaubt der Schicksalsblinde an Wunder, wenn jemand aus dem Buch des Lebens das Schicksal ablesen kann. Dabei ist das Eine so natürlich wie das Andere.

Das Gesetz des Karma fordert vom Menschen die bewusste Übernahme der Verantwortung für sein Leben und sorgt dafür, dass er so lange mit den selbstgeschaffenen Problemen konfrontiert wird, bis er sie aufgelöst hat, und dadurch frei wird.

In der Physik kennen wir das Gesetz als Aktion und Reaktion, und es gibt nichts in unserer Welt von Raum und Zeit, das nicht diesem Gesetz unterworfen wäre.

Der Beginn des Schicksals ist der Gedanke. Erst wenn dieser Gedanke genügend Energie angezogen hat, nimmt er die ihm eigene Form an und manifestiert sich in der Welt der Materie als Ereignis.

Seit der Mensch denken kann, hat er sich gefragt, inwieweit er das Schicksal beeinflussen kann: Sobald er Herr seiner Gedanken ist, ist er auch Herr seines Schicksals.

Wir sollten auch nicht den Fehler begehen, Schicksal mit Bestimmung zu verwechseln. Die Bestimmung des Menschen ist Vollkommenheit, und diese wird trotz aller Fehler, Abirrungen und Rückfälle von ihm erreicht werden. Wir können unserer göttlichen Bestimmung nicht entgehen, wohl aber können wir unsere Entwicklung durch falsches oder richtiges Denken aufhalten oder beschleunigen, die Fülle von uns fernhalten oder unsere innere Vollkommenheit in unserem Leben immer sichtbarer verwirklichen.

Niemand wird, wenn er den Samen einer bestimmten Pflanze in den Boden legt, erwarten, eine ganz andere zu ernten. Denn schon in der Bibel heißt es:

„Was ihr sät, werdet ihr ernten."

Bei den äußeren Ereignissen scheinen jedoch viele zu glauben, dass man negative Gedanken säen und dennoch positive Lebensumstände ernten könne. Gleiches aber erzeugt immer Gleiches.

So manches Unglück in unserem Leben hat gar nicht Karma zur Ursache, sondern mangelnde Aufmerksamkeit in der Gegenwart. Doch die Menschen verhalten sich falsch und machen dann das Schicksal für ihre Schwierigkeiten verantwortlich.

Das Schicksal aber belohnt weder, noch straft es. Wenn ich eine glühende Herdplatte anfasse und mich verbrenne, dann bin ich nicht von der Herdplatte bestraft worden, sondern erfahre nur die Folge meines Tuns. Das Gleiche gilt, wenn ich eine elektrische Leitung berühre. Ich werde dann nicht durch einen elektrischen Schlag bestraft, sondern der Schlag ist nur die Reaktion auf eine unvernünftige Aktion.

Würde unvernünftiges Handeln nicht durch eine schmerzhafte Erfahrung bewusst gemacht, dann würden wir es meist gar nicht bemerken und könnten daraus auch nicht lernen und unser Bewusstsein durch diese neue Erfahrung erweitern. Wir lernen daraus, dass vor dem Handeln der vernünftige Gedanke stehen sollte.

Wenn wir den Begriff Karma gebrauchen, dann meinen wir Folgen, die durch Willenshandlungen hervorgebracht wurden. Karma impliziert seinem Wesen nach das Vorhandensein eines Motivs, was wiederum die Ausübung der freien Wahl voraussetzt. Wir könnten Karma also genauer definieren als das Funktionieren des Gesetzes von Ursache und Wirkung, insofern es sich auf die Folgen von Entscheidungen und Gedanken bezieht, die in der Regel in freier Wahl getroffen bzw. gedacht wurden. Denn uns ist die Freiheit der Wahl gegeben, welche Gedanken wir schöpfen, und wir sollten von dieser Freiheit bewussten Gebrauch machen.

Dabei sollten wir bedenken, dass wir, wenn wir geboren werden, nicht aus dem Nichts kommen, sondern unser angesammeltes Schicksal mitbringen. So ist es zu erklären, dass ein Kleinkind eine angeborene Krankheit haben kann oder sonst eine Belastung mitbringt. Es hat sie selbst verursacht.

Auch wenn wir morgens erwachen, beginnen wir nicht jedesmal bei Null, sondern tragen die Folgen unseres Verhaltens am Vortag, und zwar positiv wie negativ.

Es ist ein eisernes Gesetz: „Von nichts kommt nichts."

Karma kommt aus dem Sanskrit und heißt: „Die Tat", „Das Geschaffene". Geschaffen aber von wem? Immer von dem Betreffenden selbst. Er muss es ausbaden, und nur er kann es beenden.

Gott belohnt nicht die Tugend und bestraft nicht die Sünde – die Sünde wird nur von der Sünde bestraft. Das Wort Sünde kommt aus dem altdeutschen „Sinte" und bedeutet nichts anderes als „Trennung". Sobald wir uns von der Einheit trennen, aus der Ordnung fallen, sind wir auch getrennt von der Harmonie des Einsseins mit dem Urgrund des Lebens und damit in Sünde. Diese Trennung ist dann auch die Strafe. Diese Strafe aber habe ich selbst verschuldet, und nur ich kann die Trennung beenden.

Gott wendet sich niemals von uns ab, wir sind es, die aus seiner Ordnung gehen, indem wir unsere Freiheit missbrauchen. Und nur wir können jederzeit in die Harmonie der Einheit zurückkehren.

Dies alles widerfuhr Adam und Eva: Sie wurden Menschen. Was aber bedeutet Mensch-Sein als „Ebenbild Gottes"? Es bedeutet, frei zu sein und wählen zu können, anstatt nur dem eigenen Trieb folgen zu müssen. Es bedeutet, zu wissen, dass es Gut und Böse gibt, und dass wir beides unterscheiden lernen müssen. „Siehe, ich habe dir Segen und Fluch, Leben und Tod vorgelegt, dass du das Leben erwählst." Diese Worte hätten keiner anderen lebenden Kreatur gesagt werden können, außer dem Menschen. Denn keine Kreatur sonst kann wählen.

Aber wenn ein Mensch die Freiheit besitzt, das Gute freiwillig zu wählen, auch wenn das Böse zu wählen möglich wäre, dann hat er eben auch die Freiheit, sich für das Schlechte zu entscheiden.

Wenn er nur die Freiheit hätte, Gutes zu tun, könnte er keine wirkliche Wahl treffen. Wenn wir verpflichtet wären, nur das Gute zu tun, brauchten wir nicht die Freiheit, um uns dafür zu entscheiden.

Um uns wahrhaft frei sein zu lassen, um uns Menschen sein zu lassen, muss Gott uns die Freiheit der Wahl, Gutes oder Böses zu tun, lassen. Wenn uns nicht die Freiheit gewährt wird, das Böse zu wählen, besitzen wir auch nicht die Freiheit, das Gute zu wählen.

Gleiches gilt für Gedanken und Gefühle. Beides sind Kräfte. Mit den seelischen Kräften ist es genau so, wie mit den körperlichen Muskeln: Wenn man sie nicht benutzt, verkümmern sie!

Poetisch drückt der Dichter Gottfried Keller dies so aus:

Wer heute einen Gedanken sät, erntet morgen die Tat, übermorgen die Gewohnheit, danach den Charakter und endlich sein Schicksal. Darum muss er bedenken, was er heute sät und muss wissen, dass ihm sein Schicksal einmal in die Hand gegeben ist: Heute!

Das Gesetz des Karma bindet den Unwissenden, aber macht den Wissenden frei.

Diese Kette von Ursache und Wirkung beginnt weder mit der Geburt noch endet sie mit dem Tod. Sie verbindet die einzelnen Inkarnationen und schließt sie sinnvoll zusammen. Unser Schicksal ist somit nichts anderes, als die Summe unserer Entscheidungen oder Fehlentscheidungen.

In diesem Leben gestalten wir bereits die Bedingungen unseres nächsten Lebens, und noch können wir bewusst bestimmen, was wir als Schicksal im nächsten Leben vorfinden wollen.

So gibt es weder unverdientes Leid noch unverdientes Glück, sondern nur Ursache und Wirkung. Glück ist eben nicht Glückssache, und auch der Zufall ist nur das, was uns auf Grund unseres Verhaltens zufällt. Wer leidet, der leidet durch den eigenen Willen. Auch eine scheinbare Ungerechtigkeit ist nur eine höhere Gerechtigkeit.

Wir belohnen oder bestrafen uns, indem wir den Gesetzen entweder gehorchen oder sie brechen. Das Schicksal ist somit das denkbar beste und individuellste System, das man sich denken kann und immer ein Maßanzug für unsere individuelle „Notwendigkeit“: die Auseinandersetzung eben mit dem, was wir als Schicksal bezeichnen. Sie führt letztlich zu der Begegnung mit der Kraft, die wir Gott nennen.

Unsere Freiheit besteht darin, die Vollkommenheit als unser geistiges Erbe zu erkennen und es anzutreten, indem wir sie mehr und mehr ausdrücken. Das heißt aber, dass das Wesen, das in einer nächsten Inkarnation unser Erbe antritt, mit uns identisch sein muss. Wir sind es selbst, denn unser wahres Wesen wird weder geboren noch kann es sterben. Es kann nur sein, und es ist ewig.

Es ist also unsere Bestimmung, uns unserer inneren Vollkommenheit bewusst zu werden und sie in unserem Leben zu verwirklichen, das heißt, zum Ausdruck zu bringen. Daher werden wir vom Schicksal ständig mit den Problemen konfrontiert, die wir noch nicht verwirklicht haben. Hier machen viele den Fehler, sich zu verschließen, Widerstand zu leisten, das Problem zu umgehen oder es zu verdrängen. Doch damit beginnt der Kampf zwischen dem Menschen und dem Gesetz des Schicksals, ein Kampf, bei dem der Mensch nicht gewinnen kann.

Trotzdem wird es immer wieder versucht, und dann beklagen wir uns über das harte Schicksal, das uns trifft. Wir vergessen, dass wir die Wiederholung der Lektion „notwendig“ gemacht haben, und nur wir können den Nachhilfeunterricht des Schicksals beenden, indem wir die Notwendigkeit dazu auflösen, dadurch, dass wir den vom Schicksal geforderten Lernschritt tun und so unserem Ziel einen Schritt näher kommen.

Das erfordert, die Wirklichkeit anzuschauen. Was Wirklichkeit ist, ist jedoch keine Frage der Anschauung. Wirklichkeit ist das, was wirkt. Wir können freiwillig unsere Lernschritte erst tun, wenn wir bereit und fähig sind, die Wirklichkeit hinter dem Schein zu erkennen. Dabei können wir Fehler nicht ausschließen, aber ohne Fehler gibt es kein Lernen. Also sollten wir uns dafür keine Vorwürfe machen oder gar Schuldgefühle entwickeln.

Auch die Entwicklung des Menschen ist dem Gesetz von Ursache und Wirkung unterworfen: Jeder Mensch kann gegenwärtig nur so handeln, wie er ist (d. h. entsprechend seiner geistigen, seelischen und körperlichen Veranlagung); er ist aber gegenwärtig so, wie er in der Vergangenheit zu werden sich Mühe gab oder sich zu bemühen versäumt hat. Deshalb ist jeder Mensch trotz einer gewissen Zwangslage, in der er sich gegenwärtig befinden mag, für sein Tun voll verantwortlich.

Der Mensch hat gelernt, alles zu beherrschen: Elektrizität, Maschinen, Computer, das Größte wie das Kleinste, nur das Nächste nicht – sich selbst! Selbstbeherrschung und Selbstverantwortung erlangt der Mensch nach mehreren Entwicklungsstufen.

Die fünf Geburten des Menschen

1.) Die Zeugung (Empfängnis)

Beginn der gesetzmäßigen Entwicklung. Umwelt und Erziehung sind Teil der Gesetzmäßigkeit. Die Verkörperung erfolgt freiwillig aufgrund der Einsicht des Wesens in die Notwendigkeit.

2.) Die eigentliche Geburt

Die Geburt ist weitgehend bestimmend für das Leben, denn es ist der erste „Eindruck" vom Leben. Ein Körper ist für die Seele anfangs noch sehr ungewohnt. Die Seele braucht neun Monate für den Aufbau des Körpers und zwei bis drei Jahre für seine „Inbetriebnahme". In dieser Zeit lebt das Bewusstsein noch in der Mutter. Das Wesen sagt noch nicht „ICH".

3.) Die Geburt zu sich selbst

Das ist der Beginn der Individualität. Sobald man „Ich" denken und sagen kann, lebt man im Bewusstsein der Absonderung, des Getrenntseins. Nicht nur der Körper, auch das Bewusstsein ist nun getrennt. Jedes andere „Ich" ist ein „Du".

Von dem Augenblick an gewinnt der Vater an Bedeutung. Aufgabe der Mutter ist das Bewahren und Pflegen des Wesens, Aufgabe des Vaters ist das Schützen und Führen zur Individualität (Ich-Bildung).

In dieser Phase lernt das Wesen „Nein“ zu sagen, sich gegen die Umwelt zu behaupten (Trotzphase). Es ist erwacht. Das erste „Nein“ ist ein Grund zur Freude. Nun beginnt die Erziehung, das heißt ein gegenseitiger Prozess.

4.) Die Pubertät

Die Pubertät ist eine Doppelgeburt: a) zum funktionierenden Geschlechtswesen und b) zum Gemeinschaftswesen, zum Teil der Gesellschaft. Deshalb brauchen junge Menschen in diesem Alter auch die Gruppe, sie bilden Banden, wollen in Kommunen leben usw.

Viele bleiben ein Leben lang in der Pubertät. Manche werden im Laufe der Zeit erwachsen – die meisten werden nur alt. Manche erreichen sogar nicht einmal die Pubertät, sondern bleiben ein Leben lang „Masse“. Sie bleiben gewissermaßen sitzen und wiederholen den gleichen Lernprozess, bis auch sie ein vollwertiges Mitglied der menschlichen Gemeinschaft geworden sind. Hier muss man erkennen, dass wir selbst unsere Hauptaufgabe sind.

Ich kann dem Ganzen nur so weit dienen, wie ich selbst entwickelt bin. Wer lebt, ohne der Gemeinschaft zu dienen, fällt ihr zur Last.

5.) Die geistige Geburt

Die geistige Geburt ist das Erwachen zu der Erkenntnis: „Ich bin ein individualisierter Teil des einen Bewusstseins.“ Das transpersonelle „Ich“ erkennen. Die Möglichkeit der Erleuchtung. Änderung der Prioritäten. Vom materiellen zum geistigen und vom Ego zur Einheit. Selbstsicherheit erwacht, das heißt, das Bewusstsein des wahren Selbst. Bescheidenheit kommt von Bescheid wissen, doch ein Erweckter ist noch kein Vollkommener. „Selbst"-Erfüllung als Aufgabe. Das Selbst übernimmt die Führung der spirituellen Entwicklung.

Schicksal ist weder unerforschlicher Ratschluss Gottes noch blinder Zufall. Es ist vielmehr das denkbar gerechteste Gesetz. Es lautet:

„Jeder bekommt das, was er verursacht."

Die Gesetze des KARMA

Das Wort „KARMA“ stammt aus dem Sanskrit und bedeutet: „Die Tat, das Geschaffene“.

1.) Jeder Mensch ist Schöpfer, Träger und Überwinder seines Schicksals. Schicksal ist die Summe unserer Entscheidungen. Es gibt somit weder unverdientes Glück noch unverdientes Leid, sondern nur Ursache und Wirkung.

2.) Jeder Gedanke, jedes Gefühl und jede Tat setzen eine Ursache, der eine Wirkung folgt. Durch Beherrschen unserer Gedanken beherrschen wir dieses Gesetz des Karma.

3.) Jede Wirkung entspricht in Qualität und Quantität der Ursache. Es gibt daher weder Zufall noch Belohnung oder Strafe, sondern nur Ursache und Wirkung.

4.) Jeder Mensch muss so lange inkarnieren, bis er die Wirkung aller von ihm gesetzten Ursachen erlebt und damit das Gesetz von der Erhaltung der moralischen Energie erfüllt hat.

5.) KARMA entsteht nur durch „Eigenwilligkeit“. Jeder Mensch kann sich nur dadurch von KARMA befreien, dass er nichts mehr aus sich heraus will (Dein Wille geschehe), und nur noch als reines Werkzeug des Schicksals handelt. Das ist reines Tun, ohne karmische Belastung.

6.) Die erste Ursache ist der Wille des Einen, viele zu werden.

7.) Gott sendet niemals Lohn, noch Strafe. Er lässt nicht den einen leiden und macht den anderen glücklich, macht nicht den einen krank, noch den anderen gesund. Schicksal ist weder unerforschlicher Ratschluss Gottes noch blinder Zufall. Es ist vielmehr das denkbar gerechteste Gesetz. Es lautet: „Jeder bekommt das, was er verursacht."

8.) Es ist nicht möglich, eine Handlung zu tun und deren Wirkung zu entfliehen. Niemand kann Unrecht tun, ohne Unrecht zu leiden.

9.) Karma ist das Gesetz von der Erhaltung der moralischen Energie, die Folge von zuvor gesetzten Ursachen.

10.) Das Karma-Gesetz begrenzt nicht die Freiheit des Einzelnen. Jeder Mensch kann frei bestimmen, was er säen will. Ernten muss er aber, was er gesät hat. Die erste Willensentscheidung ist der Gedanke. Damit schaffen wir unser Schicksal, und wer seine Gedanken beherrscht, der beherrscht auch sein Schicksal.

11.) Das Schicksal ist nur die Gesamtsumme der Folgen vorausgegangener eigener Gedanken und Handlungen. Schicksal ist somit das Ergebnis des Gebrauchs des eigenen Willens in der Vergangenheit.

12.) Die Zeit ist das Feld, und der Mensch ist der Sämann. Die Saat ist gut oder schlecht, und die Ernte entspricht der Saat.

13.) Es gibt kein Wunder. Alles, was sich ereignet, ist das Ergebnis von ewigen, unwandelbaren Gesetzen.

14.) Jede Handlung, die einem Menschen Gott näher bringt, ist eine gute Handlung, und was ihn von Gott entfernt, ist eine schlechte Handlung. Dienen öffnet das Tor zu Gott.

15.) Dienst an den Menschen in einem vergangenen Leben macht dich zu einem Führer, Lehrer und Helfer in diesem Leben. Wohltätigkeit im vergangenen Leben führt zu günstigen Umständen in diesem Leben. Tugendhafte Taten im vergangenen Leben führen zu günstigen Umständen in diesem Leben. Erfahrungen des früheren Lebens ergeben Weisheit in diesem Leben. Neigungen des vergangenen Lebens werden zu Fähigkeiten in diesem Leben.

16.) Nur indem ich mich verändere, verändere ich auch meine Zukunft. Sobald ich eine Ursache beseitige, hört die Wirkung von selbst auf.

17.) Karma entsteht durch „Eigenwilligkeit". Jeder Mensch kann sich nur dadurch von Karma befreien, dass er nichts mehr aus sich heraus will und nur noch den Willen der Schöpfung verwirklicht (reines folgenloses Tun).

18.) Tiere haben kein Karma, weil sie nicht willensfrei sind, sondern vom Instinkt gesteuert werden. Sie stehen daher außerhalb von Gut und Böse.

19.) Jeder kann das Karma eines anderen, soweit es ihn betrifft, auflösen, indem er ihn aus der Schuld entlässt, dadurch, dass er ihm vergibt.

20.) Das Gesetz des Karma hat nichts mit Fatalismus zu tun, sondern ist eine Aufforderung, unser Schicksal selbst in die Hand zu nehmen und bewusst zu gestalten.

21.) Jeder Mensch muss so lange inkarnieren, bis er die Wirkung aller von ihm gesetzten Ursachen erlebt und damit das Gesetz erfüllt hat.

22.) Die „Erbsünde" besteht darin, das wir in jeder weiteren Inkarnation unser eigenes Erbe antreten.

23.) Die Eigenschaften unseres Charakters und damit unseres Schicksals bestimmen die Umstände unserer nächsten Inkarnation.

Der Mensch kann dazu ja sagen oder nein. Darin besteht seine Freiheit.

Frei von Schuldgefühlen sollten wir uns bemühen, den größtmöglichen Schritt zu tun – und wenn es noch zu weit ist bis zum Ziel, um es mit einem Schritt zu erreichen, dann sollten wir immerhin einen kleineren Schritt tun.

So können wir lernen, die höhere Selbstsucht zu gebrauchen, um die niedere allmählich aufzulösen. Dabei erkennen wir, dass das niedere Bewusstsein durch Antriebe von außen zur Tätigkeit angeregt wird, das höhere Bewusstsein aber durch Impulse, die von innen kommen.

Der „Zufall" ist immer nur das Ergebnis von Unwissenheit. Wo immer er in Erscheinung tritt, beruht er auf dem Wirken natürlicher

Gesetze, die entweder nicht bekannt sind oder noch nicht berechnet werden können. Wir können aber sicher sein, dass etwas uns nur „zufällt“, weil wir es verursacht haben, denn das Gesetz irrt sich nicht. Irren ist nur menschlich.

Wir beherrschen eine Maschine, indem wir sie richtig bedienen. Das ist aber auch der rechte Umgang mit dem Gesetz. Wir können es nicht ändern, aber wir beherrschen es, indem wir es beachten und uns entsprechend verhalten. So wie der falsche Umgang mit Elektrizität tödlich sein kann, kann auch das Handeln gegen das Gesetz im Extremfall tödlich sein, während der rechte Umgang, wie bei der Elektrizität, völlig unproblematisch ist und uns nur Vorteile bringt.

„Die Natur wird durch Gehorsam besiegt.“ Ihre Kraft steht uns zur Verfügung, sobald wir mit ihr und nicht mehr gegen sie arbeiten. Wir können das Gesetz nun einmal nicht ändern, aber wir sollten es korrekt anwenden, soweit wir es verstehen. Es wird uns zuverlässig dienen.

Die Wirkung der Gedanken

Die als Intellekt wirkende Seele erzeugt in sich ein Denkinstrument, sie gibt dem Mentalkörper ein mentales Bild, das Form annimmt. Diese Gedankenform bildet nun einen Teil des Bewusstseinsinhaltes seines Schöpfers. Sie hat das Bestreben, sich auf der physischen Ebene als Ereignis zu manifestieren und tritt so als Schicksal in Erscheinung.

Darüber hinaus aber bleibt das Bild Teil des Bewusstseins seines Schöpfers, und zwar über den Tod des physischen Körpers hinaus. Dann wenn die Ernte des Lebens eingebracht wird, tritt es in den Kausalkörper ein und wird erneut zur Ursache für die nächste Inkarnation.

Das individuelle Schicksal entsteht also durch das mentale Bild, dessen Schöpfer wir sind. Und zwar unabhängig davon, ob es sich um ein positives oder negatives mentales Bild handelt. So wird alles, was ein Mensch denkt, fühlt und tut eine Ursache, die als Wirkung in Erscheinung tritt. Die Vergangenheit präsentiert so in der Gegenwart die Rechnung für früheres Verhalten.

Unser Verhalten gestaltet unsere Verhältnisse

Das Karma-Gesetz ist also das Gesetz der ausgleichenden Gerechtigkeit. Doch mit einem bewussten Umgang mit unseren Gedanken sind wir Herr über das Gesetz und damit Herr unseres Schicksals. Durch Kenntnis und richtige Anwendung des Gesetzes dient es uns.

Worauf wir unsere ganze Aufmerksamkeit richten, das werden wir nach dem Gesetz der Resonanz auch anziehen. Wenn wir uns daher mit dem Streben nach Erkenntnis erfüllen, wird sie uns sicher zuteil werden. Auch die Tatsache, dass Sie gerade jetzt mit diesem Wissen konfrontiert werden, ist kein Zufall, da es ja keinen Zufall gibt. Dieses Wissen fällt Ihnen zu auf Grund der Ursachen, die Sie gesetzt haben.

Das Gesetz wirkt natürlich auch in negativer Richtung. Wenn Sie Ihre Aufmerksamkeit auf Angst, Sorge und Abneigung richten, werden Sie über kurz oder lang mit dem Befürchteten konfrontiert, denn Sie sind der Schöpfer. So wird dem Furchtlosen viel weniger zustoßen, als dem Ängstlichen, und wer vieles ablehnt, wird Abgelehntem umso häufiger begegnen.

Unser Verhalten bestimmt also unsere Verhältnisse. Wer sein ganzes Geld verjubelt, wird eines Tages vor dem Nichts stehen, wer die Verkehrsregeln nicht beachtet, wird irgendwann im Krankenhaus aufwachen, und wer dauernd seine Gesundheit schädigt, muss irgendwann krank werden. Wir können für falsches Verhalten nun einmal keine Belohnung erwarten, und wenn wir es tun, werden wir enttäuscht werden.

Dieser Zusammenhang ist für jeden erkennbar. Und doch wird er auch bezweifelt: Sobald ein Anderer einen Unfall verursacht hat oder uns irgendeinen anderen Nachteil zufügt, neigen wir dazu, diesem Anderen die Schuld zu geben und vergessen das Gesetz von Ursache und Wirkung. Dann sprechen wir von Zufall. Dabei bekommt jeder nur das, was er verursacht. Aber nur im positiven Fall sind wir bereit, das auch zu erkennen. Karma aber belohnt weder, noch straft es, sondern es gleicht stets nur aus, und es ist dabei ganz gleichgültig, wessen es sich dabei bedient. Der Andere ist nur ein Werkzeug des Schicksals.

So erkennen wir, dass Charakter und Schicksal im Grunde identisch sind. Wir aber sind verantwortlich für unseren Charakter und damit auch für unser Schicksal. Der Charakter wird ständig beeinflusst durch schicksalhaftes Geschehen, und das Schicksal wird ständig verändert durch unseren Charakter.

Dabei gelten keine Ausreden. Weder die schlechten Zeiten noch die bösen Menschen oder die Umwelt sind wirklich eine Ursache, sondern immer nur eine Wirkung. Und wenn sie mich trifft, habe ich sie verursacht.

Es bringt auch keinen wirklichen Vorteil, reich zu sein oder einer bestimmten Gesellschaftsschicht oder religiösen Gemeinschaft anzugehören. Entscheidend sind nur der Adel des Herzens und die Reinheit der Gedanken.

Bedenken wir daher, dass wir ständig eine Menge von Ursachen setzen und sorgen wir von nun an dafür, dass es die richtigen Ursachen sind, die dann auch erwünschte Wirkungen hervorbringen.

Ursachen setzen

Wie aber setzt man eine Ursache? Nun, jeder Gedanke ist eine Ursache. Wenn ich aber bewusst eine bestimmte Ursache setzen möchte, sollte ich dem Gedanken eine feste Form geben. Das geschieht, indem ich ihn:

1.) in klare und möglichst bildhafte Worte kleide und am besten schriftlich festhalte. Diese Formulierung sollte möglichst präzise sein, denn unpräzise Gedankenformen ergeben unpräzise Erfüllungen. Die Sätze sollten außerdem vollständig sein und positiv formuliert. Sie sollten keine Verneinung und keine Absichtserklärungen enthalten, wie „ich möchte", „ich will", „ich werde" oder „ab sofort habe ich nie mehr Kopfschmerzen". Und sie müssen in der Präsensform sein, also: „Ich spüre, ich bin, es ist" usw.

2.) Dann muss ich eine klare und bildhafte Vorstellung des erwünschten Endzustandes schaffen, die der wörtlichen Formulierung exakt entsprechen muss. Auch hierbei kommt es auf Präzision an und die Dauer der Vorstellung. Eine flüchtige Vorstellung kann nur eine flüchtige Erfüllung bewirken.

3.) Abschließend sollte ich diese Vorstellung des erwünschten Endzustandes mit einem starken Gefühl aufladen, denn die Stärke des Gefühls entscheidet über die Schnelligkeit, mit der die

Vorstellung erfüllt wird. Das kann ein Gefühl der Freude, des Glücks oder der Dankbarkeit sein.

Daraus ergibt sich die Formel:

WORT + BILD + GEFÜHL = URSACHE

Das Ganze sollten wir wiederholen, bis es sich erfüllt hat. Wir haben es in der Hand. Ein häufiges Hindernis auf dem Weg zur Erfüllung ist mangelnder Glaube. Glauben heißt, sich innerlich gewiss sein, dass das Erwünschte, nachdem ich die Ursache gesetzt habe, bereits geschaffen ist und dafür dankbar zu sein.

Der Glaube bewirkt, dass die im Geiste bewegten Ideen sich ungehindert manifestieren können. Auch Zweifel ist Glaube, nämlich der an einen möglichen Misserfolg. Der Glaube konzentriert die Geistesenergien auf das Bild des erwünschten Endzustandes und verwirklicht es so in der kürzestmöglichen Zeit.

Der Glaube kann entwickelt werden, so wie man einen Muskel durch entsprechendes Training entwickeln kann. Eine stetige Bejahung beseitigt Blockaden.

Durch Erkenntnis der Gesetzmäßigkeiten und entsprechendes Verhalten wird aus dem vermeintlichen Gegner Schicksal ein treuer Freund, denn Leid ist nur die Folge der Nichtbeachtung des Gesetzes.

So wirkt sich Karma aus

Sobald das Bewusstsein auf der nachtodlichen, nicht materiellen Ebene die Ernte des letzten Lebens verarbeitet hat, wird es von Wünschen und Absichten, die zur Verwirklichung drängen, zur nächsten Inkarnation veranlasst.

Solange die Seele noch kaum erwacht ist, bringt ein einzelnes Leben nur einen geringen Fortschritt in der Reife und Entwicklung des Bewusstseins. Sobald aber die Seele sich ihrer Fähigkeiten bewusster wird, geht die Entwicklung rascher vorwärts, und die Ernte eines jeden Lebens wird von Mal zu Mal größer und wertvoller. Das erweiterte Bewusstsein setzt weitere Fähigkeiten frei, die noch größere Fortschritte ermöglichen. Die individuelle Aura wird immer strahlender und umfangreicher.

Auf dem Weg zurück in die Materie umhüllt sich die Seele auf der Astralebene wieder mit dem Astralleib. Begierde, Leib und alle Leidenschaften und Gefühle des letzten Lebens werden wieder aktiviert, weil sie sich stofflos nicht auswirken konnten. Dann ist die Seele bereit, das materielle Gegenstück ihrer geistigen Körper, den physischen Körper, zu empfangen. Damit ist sie wieder im Besitz sämtlicher Werkzeuge für die nächste Inkarnation – die Kräfte, die einst selbst geschaffen wurden, können sich wieder ungehindert auswirken auf allen Ebenen des Seins.

Ein hartes Schicksal ist die Folge der früher verursachten Kräfte, ebenso wie ein angenehmes. So wird der Wissende keinem sein Schicksal neiden, sondern die Chance ergreifen, sein eigenes jetzt nach besten Kräften zu gestalten. Durch seine *Handlungen* setzt der Mensch nun neue Ursachen. Er bringt anderen Glück oder Leid, hilft ihnen oder behindert sie, und das aus unterschiedlichen Gründen: Man kann einem anderen eine Freude bereiten aus Zuneigung, aber auch, um ihn zu beschämen oder weil man zeigen will, was man sich alles leisten kann. Oder um ihn zu einer entsprechenden Gegenleistung zu verpflichten. Daher dürfen wir nicht nur die eine Tat sehen, sondern sollten die Motivation dahinter erkennen. Denn die ist es, die das entsprechende Schicksal verursacht. Jede Saat trägt ihren gerechten Lohn.

Die Elektrizität kümmert sich nicht darum, ob ich mir mit ihrer Hilfe mein Essen koche, eine Maschine antreibe oder einen Verurteilten hinrichte. Sie wirkt entsprechend dem Gesetz, und wer das Gesetz beherrscht, dem dient sie. Das Gesetz bringt die Kraft zurück, die es in Bewegung gesetzt hat und ist daher absolut gerecht.

So gibt es keine Bestrafung, außer der, die man sich selbst zufügt, und keine Erleuchtung, die man nicht selbst verursacht hat. Jeder ist sein eigener Richter. Wer hier glücklich ist, der ist es, weil er in einer früheren Existenz das Glück des Nächsten bewirkt hat, und wer hier sein Glück auf Kosten des Nächsten sucht, wird in einer späteren Existenz dadurch Unglück finden.

So kann auch Krankheit die Folge früheren Karmas sein und die Heilung abhängig davon, ob die alte karmische Schuld zuvor getilgt wurde. Das macht eine Therapie nicht überflüssig. Sie ist eine Intervention auf körperlicher, geistiger oder seelischer Ebene und kann auch das notwendige Werkzeug für die Heilung sein. Die Voraussetzungen hierfür aber muss jeder in sich selbst schaffen. Daher kann auch niemand heilen, aber jeder kann zum Heilungswerkzeug werden, wenn er bereit ist zu helfen.

Die wichtigsten Organe und ihre geistige Funktion

Bauchspeicheldrüse:

Sie produziert im exokrinen Teil die Verdauungssäfte, Enzyme. Im endokrinen Teil produzieren die Inselzellen das Insulin. Enzyme sind Katalysatoren, also Entwickler, Umformer, Beschleuniger. Ist die Bauchspeicheldrüse gestört, fehlt es an Enzymen, und damit an geistig-seelischer Entwicklung. Es kommt zu Resignation. Ist die Insulinproduktion gestört, kann Zucker (Liebe) nicht richtig verarbeitet werden. Es kommt zu Diabetes = Liebesverwertungsstörung.

Bronchien:

Sie filtern die Luft (seelische Eindrücke) und leiten sie zur Bearbeitung in die Lunge. Die Bronchien können sich entzünden (Engpass) oder zu Bronchialspasmen verkrampfen (Fehlleitung). Überfürsorge oder mangelnde Fürsorge sind die Themen.

Busen:

Ist der Ausdruck der Weiblichkeit (seelische Nahrungsquelle). Mögliche Themen: Zu lange stillen wollen oder zu wenig geben können. Die geistig-seelische Partnerschaft ist gestört.

Dickdarm:

Hier wird dem unverdaulichen Rest der Nahrung die Flüssigkeit entzogen. Der Dickdarm hat einen Bezug zum Unterbewusstsein. Angst, unbewusste Inhalte ans Tageslicht kommen zu lassen. Nicht geben oder schenken können. Unfähigkeit, Abstand zu gewinnen, die Dinge hinter sich zu lassen.

Dünndarm:

Analysiert und verarbeitet die stofflichen Eindrücke (Nahrung). Der Dünndarmkranke analysiert zu viel, bewegt sich zu viel im Detail, in der Kritik, im Kleinen. Existenzängste zeigen sich hier. Stattdessen gefordert: Weder „Haarspalter" sein noch „aus einer Mücke einen Elefanten machen".

Eierstöcke / Gebärmutter:

Bei Beschwerden liegen unbefriedigende sexuelle Kontakte oder ein Mangel in dieser Hinsicht vor.

Galle:

Die Leber produziert innerhalb von 24 Stunden etwa einen Liter Gallenflüssigkeit, die in der Galle gesammelt wird. Störungen sind meist durch Ärger, Aggression und Unlustgefühle verursacht. Dabei ständig „gereizt" sein, aber dem Ärger keinen Ausdruck verleihen oder nicht können / dürfen. Gallensteine sind konzentrierte Aggressionen.

Hals:

Angina / Halsenge: Ich kann oder will nicht schlucken.

Kehlkopf / Stimmbänder: Ich kann mich nicht äußern (auch in Bezug auf Sexualität). Dabei gestörte Vitalität.

Haut:

Die Haut ist das größte Kontaktorgan. Bei Hauterkrankungen ist der Kontakt zwischen Innen- und Außenwelt gestört. Auch Projektionsfeld der Niere. Sich unrein fühlen, unsicher sein, sich nicht äußern können. Gefühlsprobleme oder Überempfindlichkeit. In der Pubertät als Akne.

Herz:

Der Mensch hat zwei Zentren: Hirn und Herz, also Verstand und Gefühl. Was das Herz aus dem Takt bringt, ist immer eine Emotion. Es schlägt vor Freude bis zum Hals, bleibt vor Schreck stehen. Herzkranke sind Menschen, die nicht auf ihr Gefühl, sondern nur auf den Verstand hören. Daher wirken sie so „herzlos". Angina pectoris bedeutet Enge des Herzens – Engherzigkeit. Überbewertung des Ego. Das eigentliche Sein des Menschen kommt zu kurz. Es zwingt uns, wieder auf das Herz zu hören.

Hüfte:

Die Hüfte symbolisiert den Fortschritt. Bei Hüftleiden ist das Fortschreiten (der Fortschritt) behindert. Oder man kann sich nicht beugen.

Krampfadern:

Sie entstehen durch Venenklappenerschlaffung und venöse Stauungen. Verkrampfte innere Haltung, Verhärtung / Versteifung auf einen Standpunkt. Mangelnde Elastizität. Fehlender innerer Frieden in Zusammenhang mit einer Aufgabe oder Situation.

Leber:

Die Leber ist das Zentrum des physischen Stoffwechsels. Sie hat viele Funktionen:

1.) Energieproduktion
2.) Energiespeicherung
3.) Eiweißstoffwechsel
4.) Entgiftung

Die Leber erkrankt an Maßlosigkeit: Zuviel Essen, Trinken, Sex, übersteigerte Expansion. Probleme der Bewertung und Verwertung.

Lungen:

Die Lunge verwertet eingeatmete Luft (seelische Eindrücke).

Bei zu geringer Entfaltung: geringe Lebenskraft, aber auch Depressionen, Selbstmitleid.

Lungenemphysem: Die kleinen Lungenbläschen platzen. Man hat den Hals voll, ist geizig, übernimmt sich.

Magen:

Er nimmt die stofflichen Eindrücke der Welt auf und hat den ersten Eindruck zu verarbeiten. Häufigste Störung ist die Übersäuerung (ich bin sauer). Der Magenkranke will Konflikte vermeiden; er schluckt lieber schneller, hat dann ein Völlegefühl. Ist bis oben voll und muss sich Luft machen, der innere Druck wird dann gemildert. Der Magenkranke muss lernen, sich den Problemen zu stellen und die Konflikte aufzulösen durch bewusstes Verarbeiten. Unfähigkeit oder

Unwilligkeit, Kritik zu akzeptieren, zu verarbeiten, zu „verdauen“.

Nieren:

Die Nieren reinigen das Blut. Bei Nierenproblemen besteht ein Gefühlskonflikt oder eine Idealkollision. Unreine Gedankenformen sind zu bereinigen. Falsches Verhalten ist zu beenden. Angst auflösen und Geschehnisse akzeptieren.

Nerven:

Das vegetative Nervensystem untersteht nicht dem Willen. Über Vagus und Sympathikus stellt es die innere Harmonie her bzw. sucht sie zu erhalten. Es wird gestört durch unbewusste Konflikte (vermeidbar durch Psychohygiene, siehe unten). Funktionsstörungen der Organe sind immer auch vegetative Störungen. Das ZNS (Zentralnervensystem) befähigt uns, über die Sinne die Außenwelt wahrzunehmen und darauf zu reagieren durch Bewegung. Bei Störungen des ZNS: falsche Wahrnehmungen oder Reaktionen.

Prostata:

Unbefriedigende sexuelle Kontakte. Kann nicht so, wie er will.

Schilddrüse:

Regelt die Alarm- und Kampfbereitschaft. Störungen, wenn Ängste nur durch größere Anstrengungen und mehr Verantwortung geäußert werden. Angst oder Unfähigkeit, sich selbst verteidigen zu können. Unfähigkeit, vertrauen zu können und Angst, belogen zu werden.

Wirbelsäule:
Symptome des inneren Haltes, der Beweglichkeit, auch geistig (Halsstarrigkeit), der Beziehung zu Gott. Verdrängte Aggressionen, Flucht- und Ausweichreaktionen sowie andere Spannungen werden auf die Wirbelsäule projiziert.

Zähne:
Symbole des Angreifens und Zupackens, auch für Energie und Vitalität. Ausdruck des Willens, sich durchzubeißen. Schlechte Zähne zeigen die Unfähigkeit oder Unwilligkeit, sich mit den Dingen auseinanderzusetzen.

Krankheiten, Alter und Tod sind keine Wirklichkeit an sich, sondern nur die Folge einer vorangegangenen Ursache. Die Ernte entspricht der Saat. So kann man dem Schicksal auch nicht entgehen, indem man versucht auszuweichen, die Aufgabe nicht anzunehmen. Man zwingt damit das Schicksal nur, die Lektion in anderer Form zu wiederholen, und oft ist die Wiederholung viel unangenehmer. Auch wer etwas einfach nicht sehen will, wird damit nicht erreichen, dass das Schicksal vorübergeht. Obwohl die Menschen das immer wieder versuchen.

So verwandeln sich ungenutzte Gelegenheiten und Chancen, die das Schicksal bietet, in eine Behinderung des Werkzeugs. Wer die gebotene Gelegenheit nicht nutzt, wird dadurch unfähiger für die nächste. Wer sich aber den Aufgaben stellt, wird sie von Mal zu Mal leichter bewältigen können. Angeborene Gebrechen sind die Folgen von Ausschweifungen, Verirrungen oder Versagen in einer früheren Existenz. Die Inkarnation kann erfolgen in einer Familie, in der diese Behinderung erblich ist, damit sich das Gesetz erfüllen kann.

Der Mensch setzt sich selbst Grenzen durch frühere Gedanken, versäumte Gelegenheiten und falsche Entscheidungen. Er ist gebunden an die Wünsche und Irrtümer vergangener Tage – bis er die Fessel erkennt und sich befreit. Bis er sich entwickelt! Erst dann kann er sich entfalten.

Das wahre Selbst aber ist frei und ungebunden. Es kann weder geboren werden noch krank sein, noch sterben. Es ist vollkommen! Das so genannte Schicksal aber ist Folge des Missbrauchs der Freiheit und Verstoßes gegen das Gesetz und damit die Folge von Disharmonie.

Die meisten Menschen haben eine irrige Vorstellung davon, was die gute Tat und einen verdienstvollen Gedanken ausmacht. Sie lassen sich von den äußerlichen Zeichen der Tugend beeindrucken und nehmen an, dass sie ein angemessenes Leben führen, wenn sie sich als gute, gottesfürchtige Menschen geben. Mit anderen Worten, sie beschäftigen sich mehr mit dem Bild, das sie nach Außen bieten, und damit, was andere Leute von ihnen denken, als mit ihrem eigenen Fortschritt.

Jeder ist sein eigener Kerkermeister, und sobald er sich für den Weg in die Freiheit entscheidet, ist er frei.

Der Wissende wird Gedankendisziplin üben, über das Gute, Ideale, Vollkommene meditieren, es in seinem Herzen bewegen, und zwar regelmäßig, damit es sich in seinem Leben verwirklicht. Dabei ist er ruhig und gelassen – steht ihm doch alle Zeit zur Verfügung, und er weiß sich auf dem richtigen Weg. Das Gesetz ist sein Freund und Partner, der getreulich seine guten Gedanken verwirklicht.

Das Gesetz hat zwei Wege, sich dem Menschen einzuprägen: Freude, wenn das Gesetz befolgt wird und Leid, wenn ihm zuwider gehandelt wird.

So ist jede Versuchung stets eine Hilfe des Schicksals und eine Chance, sie zu überwinden, indem man über sie hinauswächst, oder ihr zu erliegen und damit die gleiche Lektion unter ungünstigeren Umständen erneut erleben zu müssen. Ergreift man aber die Chance und überwindet die Versuchung, ist die Aufgabe erfüllt und kehrt nicht wieder.

So stößt man bei gründlicher Untersuchung selbst bei so genannten „Zufällen" wie einem Autounfall oder einem Betriebsunfall immer wieder auf die innere Ursache wie etwa persönliche Konflikte, Streit oder Schuldgefühle, die einen Ausdruck suchen.

Auch jedes Wunder stimmt mit dem Gesetz überein, ob wir es nun erkennen oder nicht. Sobald man es versteht, hört es auf, ein Wunder zu sein.

Wer aber die Wirkung des Gesetzes erkannt hat, der beginnt sogleich an seinem Charakter zu arbeiten. Er wählt sorgfältig seinen Weg und macht jeden Schritt ganz bewusst. Weiß er doch, dass er damit seine Zukunft gestaltet.

Die Natur wünscht, dass Sie glücklich und erfolgreich sind und die Früchte genießen, die sie Ihnen so freigiebig bereitstellt. Wenn dies für Sie gerade nicht zutrifft, dann können Sie sicher sein, dass Sie irgendein natürliches Gesetz entweder gegenwärtig oder in der Vergangenheit gebrochen haben und jetzt die „Strafe“ für diese Übertretung erleiden. Es ist keine Bestrafung in dem Sinn, wie wir einen Übeltäter bestrafen, sondern eher ein Ausgleichen von Energien. Wenn Sie das Gesetz befolgen, dann können Sie zuversichtlich ein harmonisches und glückliches Ergebnis erwarten, denn man bezwingt die Natur, indem man sich an ihre Gesetze hält. Man wird zum Baumeister seines Lebens und macht es zu einem Kunstwerk. Dann schreitet die Seele mit großen Schritten voran, nicht mehr behindert von unbedachtem Tun und seinen Folgen.

Bis es aber soweit ist, sollten wir bewusst handeln. Erkennen, was wir tun und warum und abwägen, ob es uns unserem Ziel näher bringt oder uns gar behindert. Dabei unterscheiden wir mehrere Arten von Handlungen:

1. Handlungen, die erforderlich sind, um mich am Leben zu erhalten: Ich muss arbeiten, um mich ernähren und kleiden und eine Wohnung unterhalten zu können, um anderen nicht zur Last zu werden und dadurch negatives Karma zu verursachen.

2. Handlungen, die ich aus Verantwortung für Andere tue: Ich ernähre meine Familie, erziehe meine Kinder, bin Anderen ein Freund usw.

3. Handlungen, die ich ausführe, um mich zu unterhalten, die mir Freude machen. Dazu gehören Urlaub, Hobbys, Freizeitbeschäftigungen.

4. Handlungen, die ich ausführe, um der Gemeinschaft hilfreich zu sein, ein nützliches Glied der menschlichen Gesellschaft. Denn wer nichts für die Gemeinschaft tut, fällt ihr zur Last. Dies sind Handlungen, zu denen ich weder gezwungen werde noch verpflichtet bin, sondern die ich tue, weil sie getan werden müssen, ohne Dank oder Lohn zu begehren.

Wieder ist bei allen Handlungen die Motivation zu berücksichtigen. Ich kann meinen Körper erhalten, weil ich eitel bin und gut aussehen möchte oder aus der inneren Verpflichtung heraus, mein wertvollstes Werkzeug zu erhalten oder um damit dem Höchsten zu dienen. Die Motivation entscheidet über den Wert.

Natürlich besagt das Gesetz auch, dass ich das, was ich gesät habe, auch nur dort ernten kann, wo ich es gesät habe, also auf dieser Erde.

Der erste Schritt im Umgang mit dem Gesetz ist der, zu erkennen, dass es in meiner Macht liegt, mir mit seiner Hilfe meine Wünsche zu erfüllen. Wenngleich die Erfüllung eigener Wünsche immer einen Umweg darstellt, so ist doch oft der Umweg der direkteste Weg zum Ziel.

Der zweite Schritt aber muss sein, die Wünsche aufzulösen, zu erkennen, dass die Schöpfung mir einen Platz zugedacht hat und mir alles zur Verfügung stellt, was ich zur Erfüllung meiner Aufgaben brauche. Jeder persönliche Wunsch ist eigentlich überflüssig, weil das Optimale ohnehin geschieht, sobald ich es nicht mehr durch meine Wünsche behindere.

Das Gesetz ist dabei völlig neutral. Es bestraft weder, noch belohnt es, noch zwingt es mich zu bestimmten Handlungen. Es konfrontiert mich nur solange mit den Folgen meines Tuns, bis ich mich davon befreit habe. Bis ich zum Werkzeug des Schicksals geworden bin, frei von Eigenwilligkeit.

Das Gesetz sagt nur: „Wenn du dies tust, folgt das, wenn du jenes tust, folgt dies.“ Ich aber habe die Freiheit, zu tun oder zu lassen, was ich will.

Das Gesetz ist nur solange eine Gefahr, wie ich es nicht kenne. Sobald ich es kenne und anwende, wird es mein Freund und Diener.

Das Gesetz wird durch Gehorsam bezwungen!

Das Himmelreich ist in uns. Es ist der große Schatz, von dem Christus in seinen Gleichnissen spricht. Wenn wir diesen verborgenen Schatz in uns finden, wird unser ganzes Leben Licht, groß und erfolgreich. Dass die meisten Menschen nicht glücklich sind, liegt daran, dass sie nicht zuerst nach diesem inneren Schatz suchen, sondern nach allen möglichen Dingen in der Außenwelt, die sie doch nicht erlangen, weil ihnen das Beste und Wichtigste, der Schlüssel zu allem, fehlt.

Was verstehen wir unter dem Himmelreich? Zweierlei: Erstens verstehen wir darunter einen Bewusstseinszustand absoluter Harmonie und Gott-Einheit. Himmel und Hölle sind Bewusstseinszustände. Zwei Menschen können unter den gleichen äußeren Verhältnissen leben, und dabei können diese für den einen den Himmel, für den anderen die Hölle bedeuten.

Zweitens verstehen wir darunter die Welt der göttlichen Ideen, von der der vorgenannte hohe Bewusstseinszustand eine Widerspiegelung ist. Diese Welt ist nicht fern von uns und steht uns nicht erst nach dem Tode offen; sie ist in uns und um uns, wir müssen nur in Stille und Schweigen, Gebet und Meditation mit dieser Welt in lebendige Verbindung kommen und durch Richtig-Denken und Richtig-Leben ihre Kräfte durch uns zur Offenbarung bringen.

Je häufiger wir uns einwärts, himmelwärts, gottwärts wenden, desto weiter öffnen wir uns dem Einstrom der schöpferischen Allkraft, desto stärker, größer und reicher werden wir – im Innen und Außen. Das praktische Ergebnis eines solchen Denkens und Tuns ist über alle Maßen begeisternd. Mehr und mehr gleicht sich unsere Eigen-Schwingung der des Unendlichen an. Mehr und mehr werden wir unerreichbar für alles Niedere, für alles, was der Sinnenwelt zugehört; mehr und mehr wird unser Leben ein Leben der Kraft und Freude, der Gesundheit, Harmonie und Fülle.

Worte eines Weisen

Säet, solange es Tag und eure Kraft nicht versiegt ist, freudig die Saat des Guten und meidet das Böse, dann wird euer kommender Tag Licht.

Hört meine Worte und bewegt sie in eurem Herzen:

Vergebens müht sich der Mensch, durch das Sammeln vergänglicher Güter Glück zu erlangen. Denn das Leben zerrinnt wie Wasser, das man mit den Händen schöpft. Nur die

„Guttat“ hat Bestand und führt zum Erwachen, zu wandelloser Glückseligkeit. Darum tut das Gute, das ihr tun könnt, sogleich, da das, was am Morgen vor euch steht, am Abend schon vergangen sein kann.

Wartet nicht, bis ihr alt seid und schwach und nicht mehr Schöpfer, sondern nur noch Träger des Karma!

Bedenkt, dass heute euer letzter Tag sein kann. Darum gehet hin und wirkt eine gute Tat! Erkennt, dass alles Leben nur ein Übergang ist, und sorgt durch Taten der Liebe, dass euer Scheiden kein Untergang sei, sondern ein Aufgang aus dem Dämmer ins Licht! Erkennt in jedem Wesen euren Bruder, euer anderes Ich. Was ihr ihm Gutes erweist, fügt ihr euch selber zu. Was ihr aber nur für euch selbst tut, das raubt ihr in Wahrheit euch und den anderen. Befreit euch von der Blindheit der Ichsucht und lernt, durch freudiges Geben die Last des andern zu mindern. Im gleichen Maße schwindet eure eigene Last. Bedenkt: Wer den guten oder schlechten Samen in die Schicksalserde hat gestreut, der wird gute oder schlechte Früchte ernten in der Reifezeit!

Reifezeit ist jetzt und immerfort. Und ebenso Saatzeit. Durch freudiges Säen guter Saat bewirkt ihr die Wandlung und Aufhebung selbstgeschaffener Schicksalsschulden. Eben dies lehre ich euch: Karma-Tilgung durch „Guttun“. Karmaüberwindung durch Versenkung und Selbstbefreiung. Erwacht aus eurem Seelenschlaf und bleibt wachsam! Achtet, dass euer Leben nicht wie Wasser zerrinnt, ohne dass ihr das

Höchstmaß an Guttaten vollbrachtet! Alle Sinnenfreuden, alle Freunde, alles, was ihr erwartet, lässt euch im Tode allein, aber eure guten Taten begleiten euch und geleiten euch aus dem Dämmer der Nacht in die Helle des Ewigen Tages. Vergesst es nicht: Güte überwindet das Böse, Liebe erlöst, und euer Opfer löscht die Brände der Hölle und trägt euch zum Himmel.

Alle Handlungen werden aus irgendeinem Beweggrund ausgeführt, und dieser ist bindend. Der Mensch ist zwar frei geschaffen, aber durch sein eigenes Handeln legt er sich Fesseln an. Er soll sich frei machen – von seinem Ego, von seinem Karma, von seiner Umwelt. Erst dann kann er Werkzeug werden für die Neue Energie, erst dann – und das mag paradox klingen – ist er frei, wirklich schöpferisch tätig zu werden. Erst dann hat er die Möglichkeit, ein ganzer Mensch zu werden.

Gemeinschaftskarma

Jeder Mensch ist in jeder seiner Inkarnationen eingebunden in Schicksalsgemeinschaften. Das betrifft seinen Partner ebenso wie seine Familie, seine Nation ebenso wie seine Rasse. Doch ob es sich um die Erfüllung eines Einzelschicksals oder das Schicksal einer Gruppe handelt, es kann den Einzelnen nur treffen, wenn eine entsprechende Ursache von ihm gesetzt ist. Dabei ist es gleich, ob es sich um einen Unfall handelt, in den mehrere verwickelt sind, oder einen Krieg oder eine andere Katastrophe, immer haben die Beteiligten dies nach dem Gesetz der Resonanz angezogen. Das gilt auch für jede scheinbare Ungerechtigkeit, die einem widerfahren kann. Nichts kann uns zufällig treffen, denn auch der Zufall unterliegt dem Gesetz von Ursache und Wirkung.

So ist es auch zu erklären, warum mitten in einer Katastrophe manche Menschen auf wunderbare Weise verschont bleiben. Sie nehmen nicht teil am Gruppenschicksal, obwohl sie dabei sind, weil bei ihnen keine entsprechende Ursache vorhanden ist, die sich verwirklichen könnte.

Ähnliches gilt, wenn wir einer Nation oder Familie angehören, die scheinbar ohne unser eigenes Zutun Vorteile genießt. Es kann sich nur manifestieren, was von uns verursacht ist. Jedoch ist Reichtum keineswegs immer eine Belohnung. Er kann Aufgabe oder sogar Strafe sein. Die wenigsten sind reich und glücklich. Doch bei allem, was uns widerfährt, sollten wir stets bedenken, dass das Gesetz weder belohnt noch straft, sondern nur ausgleicht, was wir selbst verursacht haben.

Wir dürfen jedoch nicht die Tatsache übersehen, dass auch Gruppen von Menschen, sowohl große wie kleine, ständig wie zeitweise bestehen. Gruppen sind ebenfalls beseelte Wesenheiten und können als solche Karma schaffen. Das erklärt das Gruppenkarma dauerhafter Gruppen wie es beispielsweise die Familie, die Stadt, die Nation und die Rasse sind, und zeitweise bestehende Gruppen wie Vereinigungen, Geschäftsorganisationen, Gesellschaften, Clubs usw.

Negative und zerstörerische Gedankenformen, die die Menschen schaffen, sammeln sich und entladen sich als Krieg, Revolution, wirtschaftlicher Zusammenbruch oder soziale Unruhe. So ist auch kollektiv der Mensch Herr seines Schicksals und auch das Gruppenschicksal fällt auf seine Urheber zurück, weil niemand der ausgleichenden Gerechtigkeit entgeht. Das Gleiche gilt für bestimmte Verbrechen oder Seuchen, die zu einer bestimmten Zeit auftauchen und wieder verschwinden.

Unser zunehmendes Verständnis für das Wirken des Karma-Gesetzes aber versetzt uns in die Lage zu erkennen, dass jeder Feind, der von außen an mich herantritt, nur die Manifestation eines ungelösten Aspektes in mir darstellt. So erkenne ich dann auch, dass das Unangenehme letztlich gut ist, und wenn ich richtig damit umgehe, dient es nur meiner Entwicklung.

So kann ich jede Unfreundlichkeit, jede Beleidigung oder Undankbarkeit dankbar annehmen, weil sie mir mehr helfen, als das Lob eines Freundes. Doch nur wenige Menschen sind bisher in der Lage, diese Wahrheit hinter dem Schein zu erkennen, zu erkennen, dass sie dadurch doppelt beschenkt worden sind. Zum einen erlösen sie wieder einen Teil ihres Karmas durch ein solches Erleben und befreien sich davon, und gleichzeitig erweitert sich ihr Bewusstsein durch eine aus der Situation gewonnene Erkenntnis.

So ist in den trübsten Erfahrungen das meiste Gold der Erkenntnis enthalten, und es gilt nur, es freudig zu erkennen und aufzunehmen. Dann lernt der Weise, dafür dankbar zu sein, denn eine Lektion, die er gelernt hat, braucht vom Schicksal nicht wiederholt zu werden.

Ein Mann, dessen Leben beendet war, erschien vor Gott. Und Gott blickte auf dessen Leben zurück und zeigte ihm die vielen Lektionen, die er gelernt hatte. Als er damit fertig war, sagte er: „Mein Kind, möchtest du etwas fragen?" Und der Mann antwortete: „Während du mir mein Leben zeigtest, fiel mir auf, dass da Fußspuren waren, in guten Zeiten immer zwei Paar, und ich wusste, dass du neben mir gingst. In schlechten Zeiten aber war da nur eine Fußspur. Warum, Vater, hast du mich in den schwierigen Zeiten verlassen?" Und Gott antwortete: „Du interpretierst es falsch, mein Sohn. Es ist wahr, dass ich in guten Zeiten neben dir ging und dir den Weg zeigte, aber in schwierigen Zeiten trug ich dich."

Das Gesetz des Karma sagt, dass jedes Individuum für seine Anstrengungen das ernten wird, was den von ihm aufgewandten Kräften zukommt. Es ist gleich, ob diese Kräfte positiv oder negativ sind. Denn beide Kräfte kommen wieder zurück. Das Universum wird auf die Forderungen des Ich antworten und sie erfüllen.

Solange noch die leiseste Spur von unserem Ego in unseren Handlungen ist, solange wir gut sind, weil wir uns eine Belohnung erhoffen, müssen wir immer wieder hierher zurückkehren, um diese Belohnung zu empfangen. Jede Ursache hat ihre Wirkung, jede Handlung ihre Früchte, und unser Begehren ist das Band, das beides verbindet. Wenn dieses Band zerschnitten und ausgemerzt ist, wird diese Verbindung aufhören und unsere Seele frei sein. Der Weg zur Freiheit ist ein individueller.

Dharma

Dharma ist nichts Äußeres wie das Gesetz des Karma, sondern die innere Natur des Menschen, die alles, was von außen an den Menschen herantritt, zum Ausdruck seiner selbst umbildet. Dharma ist nicht zu verwechseln mit dem wahren Selbst des Menschen, sondern es ist der individuelle Weg des Menschen zum Ziel aller Menschen, dem Ausdruck der inneren Vollkommenheit.

Dabei ist zu beachten, dass Recht und Unrecht nichts Absolutes sind, sondern stets in Bezug auf das betreffende Wesen beurteilt werden müssen. Was für den Einen Recht ist, kann für den Anderen Unrecht sein. Das ist abhängig vom Dharma des Einzelnen.

Die Vollkommenheit des Universums gelangt nur dadurch zum Ausdruck, dass jeder einzelne Teil seine eigene Aufgabe erkennt und erfüllt. Eine Leberzelle hat eine andere Aufgabe als eine Nervenzelle und ein Mensch einen anderen Weg als ein Tier. Die Vollkommenheit wird dadurch erreicht, dass jeder Teil in sich vollkommen wird, aber auch in seiner Beziehung zu allen anderen Teilen dieser Vollkommenheit Ausdruck verleiht.

Wir könnten also Dharma definieren als den individuellen Standort des Einzelnen auf dem Weg zum für alle gegebenen Ziel. Dadurch ergeben sich für jeden Menschen andere Notwendigkeiten und Schritte. Vollkommenheit kann nur erreicht werden, wenn jeder seinem Dharma, seiner inneren Notwendigkeit folgt.

Hier erkennen wir die erste große Schwierigkeit. Das Wesen erkennt vielleicht einen Schritt, der gut und edel wäre, aber nicht seinem Dharma entspricht. Wenn es ihn dennoch tut, weicht es vom eigenen Weg ab und verzögert seine Entwicklung. Auch wenn ein kleines Mädchen erkennt, dass ihm bestimmt ist, eines Tages Mutter zu werden und aus dieser Erkenntnis heraus seine Puppe fallen lässt und vor der Zeit zur Mutter wird, dann leidet das Wesen, weil es diesen richtigen Schritt zu früh getan hat.

In der Bhagavad Gita XVIII, 47 heißt es: „Besser ist es, sein eigenes Dharma, wenn auch ohne Verdienst, zu erfüllen, als das Dharma eines anderen wohl auszuführen. Wer das von seiner eigenen Natur bereitete Karma erfüllt, fällt nicht in Sünde."

Krishna spricht von dem unterschiedlichen Dharma der vier Kasten. Auch wenn es diese Unterschiede in der Form bei uns nicht gibt, zeigt dies doch, worauf es ankommt. Es äußert sich in unterschiedlichem Karma:

SUDRA-Karma

Dies ist das erste Dharma, das Dharma des Dienens. Unabhängig vom Ort der Reinkarnation und der Zeit muss irgendwann diese Stufe durchlaufen werden. Das Wesen muss lernen, sich und seine Wünsche in den Hintergrund zu stellen, um ganz für den anderen oder die Gemeinschaft tätig zu sein. Schmerzen, Nachteile und scheinbare Ungerechtigkeiten sind gering zu achten. Auf dieser

Stufe kann das Wesen Erfüllung nur im Dienen und in der Hingabe finden.

VAISHYA-Karma

Bei diesem zweiten Dharma ist es die Aufgabe des Wesens, Wohlstand zu erwerben und alle Eigenschaften zu entwickeln, die hierzu erforderlich sind: Redlichkeit, Sparsamkeit, Festhalten am Erreichten, Pflichtbewusstsein, aber auch Klugheit und Scharfblick. Dazu gehören aber auch Gerechtigkeit gegenüber jedermann und Fairness, sowie Ehrlichkeit und Genauigkeit.

Der erworbene Wohlstand ist einzusetzen zum Wohl der Gemeinschaft, indem man nach sorgfältiger Prüfung zur rechten Zeit am rechten Ort freigebig ist, sodass gute Ziele von geeigneten Menschen verwirklicht werden können. Damit setzt man die Ursache für weiteren Wohlstand.

KSHATTRIYA-Karma

Die Hingabe an ein Ideal fordert Opfer, mitunter auch das eigene Leben: seinen Körper aus Treue für eine Sache opfern, um den Triumph der ewigen Seele zu erleben. Mit diesem dritten Dharma erlangt das Wesen Mut, Standhaftigkeit, Stärke, aber auch Gewandtheit und Großmut. Mit diesem Dharma lernt das Wesen die Auseinandersetzung, den Kampf, die Verteidigung, aber auch die Bereitschaft, dem Schwächeren in seinem Recht beizustehen und seine Pflicht zu erfüllen. Denn eine schwache Seele kann niemals Vollkommenheit erlangen. Sie muss lernen, Gefahren zu trotzen und Opfer zu bringen – wenn die Pflicht es verlangt, auch das eigene Leben. Denn der Leib ist nur ein Gewand der Seele, das abgelegt wird, wenn der Weg es erfordert.

BRAHMANEN-Karma.

Das Dharma dieser vierten Stufe ist es zu lehren. Nun, wo die Seele alle niederen Erfahrungen gemacht, in sich aufgenommen und verarbeitet hat, ist sie bereit, diese Erfahrungen an andere weiterzugeben.

Die Eigenschaften auf dieser Stufe der Entwicklung sind Selbstbeherrschung, Reinheit, Aufrichtigkeit, Sicherheit, Weisheit sowie Verständnis und die Bereitschaft, jederzeit und jedermann zu vergeben.

Auf dieser Stufe ist es ein inneres Bedürfnis des Wesens zu lehren. Dabei verliert man niemals die Herrschaft über sich, noch kann man durch irgendetwas geärgert, beleidigt oder gekränkt werden. Man ist frei von allen Aggressionen und erfüllt freudig und freundlich seine Aufgabe. Mehr und mehr löst man sich aus den weltlichen Dingen und wendet sich ganz dem höchsten Prinzip zu. Wenn man unbeirrt dem höchsten Ideal folgt, erlangt man Befreiung von der eigenen Natur und damit auch von Dharma.

DIE PFLICHT DES HÖHEREN IST ES, HÖHERE TUGENDEN ZU ZEIGEN. ER HAT JEDOCH KEIN RECHT, SIE AUCH VON DEN ANDEREN ZU FORDERN.

Dharma schließt zwei Dinge ein: Einmal das Gesetz auf der erreichten Stufe, und dann die Pflicht zum Wachstum bis zur nächsten Stufe. So tritt Dharma bald als Gesetz, bald als Pflicht in Erscheinung, immer aber ist es individuell und nur für das eine Wesen gültig. Die Pflicht einer jeden Seele ist verschieden, je nach dem Stand ihrer Entwicklung. Wenn wir einer unvorbereiteten Seele ein zu hohes Ideal vorhalten, dann verzögern wir nur ihre Entwicklung. Denn wenn ich jemandem ein zu hohes Ziel vor Augen führe, entmutige ich ihn vielleicht, und er wird unter Umständen den nächsten Schritt, zu dem er die Kraft und die Fähigkeit hätte, nicht tun.

WER DIE WAHRHEIT ERKENNT, IST KLUG. WER SIE ZUR RECHTEN ZEIT IN EINER HILFREICHEN FORM WEITERGIBT, IST WEISE!

Doch noch etwas anderes ist zu beachten. Wir können einen Damm aus guten und richtigen Gedanken errichten und so die Kraft des Wassers sammeln. Lassen wir jedoch auch nur ein kleines Loch in Form eines schlechten Gedankens zu, fließt das Wasser hindurch und reißt mit seiner Kraft den ganzen Damm mit ein.

Selbst wenn wir 99,99999 % einer Sache haben, so ist es doch noch kein Ganzes. Vollkommenheit aber ist ein unteilbares Ganzes und solange uns auch nur das kleinste Stückchen fehlt, haben wir das Ziel noch nicht erreicht.

Bei diesem letzten Schritt aber kann uns das Dharma keine Hilfe mehr sein. Von hier an kann nur noch der Allerhöchste unser Führer sein. Die Bhagavad Gita sagt es so:

„Höre auf meine höchsten Worte, die geheimsten von allen. Du bist geliebt von mir, und du bist im Herzen fest entschlossen, darum will ich dir zu deinem Besten raten: Tauche ein in mich, bete mich an, opfere mir, wirf dich in Demut vor mir nieder, so wirst du zu mir empor gelangen. Verlass alle Dharmas und suche nur bei mir Schutz. Lass allen Kummer fahren, so will ich dich von allen Sünden befreien." (XVIII, 64-66)

Versuchen wir einmal, unser eigenes Dharma zu erkennen:

Dazu prüfe ich:

1.) Wohin hat mich mein Karma gestellt?

2.) Mit welchen Fähigkeiten hat es mich ausgestattet?

3.) Was würde ich tun, wenn ich frei wäre von äußeren Zwängen wie Geld verdienen usw.?

4.) Welche Wünsche trage ich schon lange unerfüllt mit mir herum?

5.) Was hindert mich eigentlich wirklich, mich zu erfüllen und meinen Weg zu gehen?

Karma als Aufgabe

In einer indischen Geschichte heißt es: Wenn ich einem Mann einen Fisch gebe, dann wird er einmal satt, wenn ich ihn aber lehre, wie man fischt, hat er sein Leben lang zu essen.

Ebenso ist es mit dem Karma. Helfe ich jemandem, sein Problem zu lösen, wird er mir zwar dankbar sein, aber wieder meine Hilfe suchen, sobald er ein neues Problem hat. Erkläre ich ihm aber die Gesetze des Schicksals und motiviere ihn, selbst die Verantwortung für sein Schicksal zu übernehmen, ist er in der Lage, sich selbst zu befreien, wie schwierig seine Situation auch sein mag.

Außerdem gebe ich ihm damit ein unerschütterliches Selbstbewusstsein, weil er weiß, dass er sich auf das Gesetz verlassen kann und es in seiner Hand liegt, wie er es anwendet. So kann er nicht nur sich selbst in jeder Situation helfen, er ist damit auch in der Lage, jederzeit einem Anderen zu helfen, und so vervielfacht sich unsere Hilfe.

Dabei ist zu beachten, dass kein Verhalten für alle und zu jeder Zeit richtig sein kann. Was für das Kind das einzig Richtige ist, wirkt störend beim Mann. So müssen auch wir die Entwicklung berücksichtigen, wenn wir jemandem wirklich helfen wollen. Jede Stufe der Entwicklung hat ihre eigene Art der Anwendung des Gesetzes.

Wenn ich immer und bei jeder Gelegenheit die höchste Stufe der Wahrheit lehre, dann werde ich bald erkennen müssen, dass ich den Anderen mehr verwirre, als dass ich ihm helfe. Ein Kind, das anfängt, lesen und schreiben zu lernen, kann ich mit Algebra nur entmutigen.

Damit möchte ich Sie nicht anregen, Ihre Ziele geringer zu wählen. Das höchste Ideal, das Sie erkennen können, ist als Ziel das Beste. Darüber sollten wir aber nicht vergessen, dass unsere Aufgabe im Augenblick ist, den nächsten Schritt zu tun. Wenn wir versuchen, den zweiten Schritt vor dem ersten zu tun, werden wir nur fallen und vielleicht unser Ziel verfehlen.

So wird es sicher unser erster Schritt sein, sobald wir das Gesetz erkannt haben, uns zu befreien und Negatives zu meiden. Das ist besser, als sich gar nicht um die Folgen seines Tuns zu kümmern.

Der zweite Schritt aber muss sein, nicht nur das Falsche zu lassen, sondern auch das Richtige zu tun. Denn wie wir säen, so werden wir ernten, und wenn wir falsch säen, werden wir Falsches ernten. Gott hat damit nichts zu tun, das bezieht sich nur auf das Gesetz.

Mit dem dritten Schritt erhebe ich mich über das Gesetz und wende mich ganz dem Höchsten zu, indem ich alle Eigenwilligkeit loslasse und seinen Willen erkenne und erfülle. Erst dann bin ich wirklich frei.

So unterscheiden wir im Umgang mit dem Gesetz vier Stufen:

1. Stufe

Der geistig Unmündige tut etwas, weil er dafür eine Belohnung erwartet, und lässt etwas, weil er die Strafe fürchtet.

2. Stufe

Der geistig Mündige tut etwas Gutes, weil er gut sein möchte. Er tut es aus einem Gefühl der Ethik und Moral heraus, in eigener Absicht und um der Sache willen. Trotzdem erfährt er die ausgleichende Gerechtigkeit durch das Gesetz.

3. Stufe

Der geistig Hochstehende tut nichts mehr für sich oder aus sich heraus. Er handelt nur noch als Werkzeug des Schicksals, ohne eigenen Willen und Absicht. Er erfüllt die Aufgaben, die das Schicksal an ihn heranträgt. Er erfährt noch sein restliches Karma, aber er schafft mit seinem Handeln kein neues Karma mehr. Er steht über dem Gesetz.

4. Stufe

Der Vollkommene wendet das Gesetz auf Andere an, indem er etwa als Schutzgeist Verantwortung übernimmt für andere, nachdem er zuvor alle eigenen Wünsche aufgelöst hat und damit seine niedere Individualität. Er beherrscht das Gesetz.

Eine der lichtvollsten und tröstlichsten Wahrheiten, die überliefert sind, ist es, dass das Böse keine Wirklichkeit an sich hat. Es gibt keine Verdammnis und keine Bestrafung außer der, die sich ein Wesen, meist aus Unkenntnis, selbst auferlegt, und es ist sein unverzichtbares Recht, jederzeit aus der Unwissenheit in das Licht der Wahrheit herauszutreten – und es ist frei.

Dem unguten Gedanken, den ein Mensch denkt oder ausführt, folgt das Leid, wie das Rad des Wagens dem Fuß des Zugtieres folgt. Dem guten Gedanken, den ein Mensch denkt oder ausführt, folgt das Glück wie ein Schatten, der ihn nimmer verlässt.

So erkennen wir die Wahrheit der Worte des heiligen Bernhard, der sagt: „Niemand kann dir Schaden zufügen als du selbst. Den Schaden, den du erleidest, trägst du in dir, und wenn du leidest, dann durch eigenes Verschulden."

Üben wir also Gedankendisziplin und halten wir unsere Gedanken rein. Denken, was gut, sagen, was wahr und tun, was recht ist.

Voltaire sagt: „Alles, was du sagst, sollte wahr sein, aber nicht alles, was wahr ist, solltest du sagen."

Nicht umsonst heißt es: Der Narr sagt, was er weiß, der Weise weiß, was er sagt.

So sollten wir Senecas Rat folgen, der meint:

„Lebe einfach, verlange wenig, gib viel. Strahle täglich Gedanken der Liebe aus, erweise anderen Wohltaten, verbreite Frohsinn, denke weniger an dich und mehr an andere, und danke ständig dem Höchsten für das Gute, das du hast, sowie für das, was dir erst als Folge solchen Dankens bewusst wird."

Das Gesetz sorgt für absolute Gerechtigkeit. Wer etwas Gutes tut, dessen Bewusstsein wird sofort erhöht, und wer etwas Schlechtes tut, wird durch diese Tat sofort erniedrigt. Wer Unreines anfasst, beschmutzt sich sofort.

Dabei gibt es Taten, die das menschliche Gesetz nicht bestraft. So gibt es Diebstahl, der sich als Handel verkleidet und Betrug, der als Geschäft ausgeübt wird. Doch welche Maske wir auch wählen, das Gesetz ist nicht zu täuschen.

Gute Taten sind dabei genauso bindend wie schlechte. Gute Taten sind Fesseln aus Gold, schlechte sind Fesseln aus Eisen, doch beide binden uns an die Folgen.

Wenn jedoch zwei Wege vor uns liegen, von denen jeder gleich gut erscheint, so werden wir keinen Fehler begehen, ob wir nun den einen oder den anderen wählen. Sobald wir aber ein Unrecht erkannt haben und es trotzdem tun, erlauben wir dem Tier in uns über den Gott in uns zu triumphieren. Das ist dann Sünde, also Trennung.

Der Kahuna, der „Hüter des Geheimnisses", kennt nur ein Gesetz. Es lautet: „Verletze niemanden." Also auch kein Gesetz, natürlich auch nicht sich selbst und auch nicht die Harmonie der Schöpfung.

Niemand aber hat ein schlechtes Karma, denn das wahre Selbst hat überhaupt kein Karma. Träger des Karma sind nur die einzelnen Körper, die ja nur Instrumente und Werkzeuge des wahren Selbstes sind, nicht aber das Selbst.

Wollen wir uns befreien vom Karma, so gibt es dazu nur einen Weg. Wir ernten, was wir gesät haben, also werden wir nichts mehr ernten, sobald wir nicht mehr säen. Sobald wir wirklich nur noch den Willen der Schöpfung durch uns verwirklichen.

Wir unterscheiden also drei Arten zu handeln:

1.) Handeln aus eigenem Antrieb, das gut oder schlecht sein mag und dessen Folgen uns als Karma treffen.

2.) Das Nichthandeln aus eigenem Antrieb, und auch dafür werden wir vom Karma zur Rechenschaft gezogen.

3.) Das reine folgenlose Handeln als Werkzeug des Schicksals, ohne eigene Absicht und frei von Eigenwilligkeit, dem kein Karma folgt.

Handlungen, die wir im Namen des Höchsten nur in unserer Eigenschaft als sein Vertreter ausführen, sind nicht bindend, sondern befreien.

Wenn unsere gegenseitigen Beziehungen lauter und rein sind, wir uns alle als Brüder und Schwestern erkennen, alle lieben und dem Ganzen dienen und alles miteinander teilen, dann sind wir frei.

Doch kann dieses Ideal der absoluten Selbstlosigkeit zu hoch sein. In dem Fall sollten wir ein erreichbares Ideal wählen, das uns hilft, den nächsten Schritt zu tun.

Dabei kommt es auf den Standort an. Wenn wir uns den Aufstieg auf einer Leiter vorstellen und einer steht auf der ersten, einer auf der fünften und einer auf der zehnten Sprosse, dann ist für den, der auf der ersten Sprosse steht, der Schritt zur fünften einfach zu hoch. Für den auf der zehnten aber wäre es ein Abstieg.

Die gleiche Handlung kann daher für den Einen ein Aufstieg, für den Anderen aber einen Abstieg bedeuten. Obwohl die Tat die gleiche ist, wird das Gesetz den Einen belohnen, den Anderen aber bestrafen.

Oft erscheint es schwierig, zwischen Recht und Unrecht zu unterscheiden, dabei ist das ganz einfach. Alles, was der Schöpfung dient und die Entwicklung fördert, ist gut, alles, was die Entwicklung behindert, ist unrecht.

Natürlich tut auch der Unrecht, der zwar dem unsichtbaren Gott von ganzem Herzen dient, aber keine Rücksicht auf den sichtbaren Nächsten nimmt. Liebe deinen Nächsten heißt das Gebot. Das heißt, Gott im Mitmenschen erkennen, achten und ehren und ihn lieben.

Was ist gut – was ist richtig?

Viele haben Schwierigkeiten, von zwei guten Möglichkeiten die Richtige herauszufinden. Ein Beispiel kann das vereinfachen.

Wenn wir uns die Schöpfung als Symphonie vorstellen, in der jeder Einzelne ein Instrument spielt, dann ist es klar, dass es nicht nur darauf ankommt, gute Töne hervorzubringen. Auch ein sehr schöner Ton kann stören, wenn er zum falschen Zeitpunkt kommt.

Will ich nicht nur einen guten Ton, sondern den richtigen bringen, muss ich mich nach den Noten (Schöpfungsplan) richten. Solange ich nach meinem Willen Töne produziere, störe ich die Harmonie der Schöpfung, auch wenn jeder einzelne Ton vollkommen wäre.

Es gilt daher, nicht was ich jetzt will zu erkennen, sondern was die Schöpfung in diesem Augenblick durch mich verwirklichen will. Frage ich so, erkenne ich auch die richtige Antwort. Wenn nicht, brauche ich mich nur zu fragen: „Was würde ein Meister in meiner Situation tun?“

Die Tagesrückschau

Ich erkenne: Das Außen ist ein Spiegelbild meiner Innenwelt. Denn mein Verhalten gestaltet meine Verhältnisse. Gefällt mir außen etwas nicht, ist in mir etwas nicht in Ordnung, und nur dort kann ich es ändern. Jeden Abend lasse ich den Tag noch einmal vor meinem geistigen Auge vorüberziehen und frage mich:

Was habe ich heute gesagt und getan? Was davon war wichtig, was unwichtig? Was wollte ich erreichen, was habe ich erreicht? Was war so richtig, was war falsch? Wie hätte es richtig sein sollen? Lernen aus Fehlern kann man so zu einem „imaginären Erfolgserlebnis" machen. Falsches kann so in der Vorstellung korrigiert werden.

Psychohygiene: Ich versöhne mich mit allen Menschen, mit denen ich derzeit nicht in Harmonie bin. Ich versöhne mich bewusst mit mir und nehme mich an, wie ich derzeit noch bin, aber ich bemühe mich, zu werden, wie ich sein sollte. Ich distanziere mich bewusst von allem Negativen, wende mich innerlich ganz dem Positiven zu und bin dankbar dafür.

Ich erkenne, wieviel Grund ich habe, glücklich zu sein und bin auch dafür dankbar.

Vor dem Einschlafen lasse ich bewusst den Tag los, nachdem ich ihn so „bereinigt" habe und freue mich auf einen neuen Tag, auf Morgen!

Die Morgenvorschau

Ich erkenne: Dass ich diesen Tag nicht mit den Scherben von gestern beginnen möchte. Ich öffne mich ganz den Möglichkeiten, die mir dieser Tag bietet und bin bereit, mein Bestes zu geben.

Ich frage mich jeden morgen: Was will ich heute erreichen? Wie erreiche ich es am besten? Was will ich auf jeden Fall vermeiden? Wie möchte ich mich verhalten? Welche Situationen oder Begegnungen habe ich heute zu erwarten? – Mental vorauserleben und zu einem „imaginären Erfolgserlebnis" machen und damit als Programm speichern. So setze ich erwünschte geistige Ursachen.

Mehrmals täglich stelle ich mir in der Imagination vor: Licht und Gesundheit durchströmen mich. Kraft und Harmonie erfüllen mich. Was ich tue, das tue ich ganz. Ich stelle einen Wächter vor das Tor zu meinem Bewusstsein, der nur Gutes hinein-, aber auch nur Gutes herauslässt. So wird nur noch erwünschte Zukunft verursacht. Und mein Leben wird immer schöner.

Ich danke immer wieder für das viele Gute, das ich schon habe und gehe froh und sicher durch den Tag!

Von früh bis spät lenkt die Welt unsere Aufmerksamkeit nach außen. Unser Wesen dagegen ruft uns fortgesetzt von innen und nach innen. Die Welt verlangt von uns Wissen und Können; das Wesen, dass wir das Gewusste und Gekonnte immer wieder im Dienst des Reifens vergessen. Die Welt verlangt von uns, dass wir fortgesetzt etwas tun. Das Wesen verlangt von uns, dass wir das, was wir zutiefst selbst sind, einfach nur zulassen. Die Welt treibt uns, ohne je Ruhe zu geben, zur Leistung und hält uns in Atem, auf dass wir zu etwas Feststehendem kommen, eine Stellung gewinnen und sie halten. Das Wesen verlangt von uns, dass wir, ihm zugewandt, nirgendwo haften, auf dass wir uns nicht im Feststellen und Stehenbleiben verfehlen. Die Welt hält uns an zum Reden und unablässigen Wirken. Das Wesen verlangt, dass wir stille werden, ohne daraus ein Tun zu machen. Die Welt zwingt uns, an Sicherungen zu denken. Das Wesen ermuntert uns, ständig aufs Neue etwas zu wagen. Die Welt fügt sich uns, wenn wir sie fixieren und begreifen. Das Wesen öffnet sich uns, wenn wir es nicht feststellen und das Unbegreifliche aushalten. In der Welt suchen wir Sicherheit. Die Tragkraft des Wesens bewährt sich, wenn wir das, was uns in der Welt sichert und hält, preisgeben können. Nur wenn wir das, was uns in der Welt reich macht, immer aufs Neue lassen, wird uns das Wesen immer aufs Neue beschenken.

Das Gesetz des Karma wird sterben, wenn jeder Grashalm die Erleuchtung erlangt hat. So sagte es einmal Buddha. Wenn also alles zur höchsten geistigen Vollkommenheit gelangt ist, dann gibt es kein Karma mehr.

Das Gesetz des Karma bemüht sich um Harmonie, um deren Wiederherstellung, und wer diese stört, muss Leid erleiden. Genauer, es gibt gar kein anderes Leid. Jedes Leid ist immer nur das Leid der Wiederherstellung dessen, was wir aus der Harmonie gebracht haben. Wären wir in der Harmonie geblieben, hätten wir die Harmonie, wie sie für jeden von uns bestimmt ist, ursprünglich sein lassen und in ihr gelebt, gäbe es kein Leid.

Wie wir die Kausalkette von Ursache und Wirkung auflösen können

Erkenntnis statt Karma

Man könnte meinen, einmal müsse jeder aus seinen Fehlern gelernt haben, und mit jeder gewonnenen Einsicht würden wir zwangsläufig klüger. Und dies so oft und so lange, bis jedes negative Karma aufgelöst sei und wir endgültige Befreiung erlangt hätten! Das ist freilich ein langwieriges und mühsames Unterfangen. Wie sollen wir das schaffen? Mitten in der Aufarbeitung einer Schuld aus früheren Existenzen, ständig von den Kräften einer negativen Umwelt beeinflusst und den eigenen Schwächen immer wieder ausgeliefert, sollen wir Kräfte entwickeln, wo wir doch dringend Hilfe von außen bräuchten. Müssen wir denn aus dieser Notlage nicht wieder Fehlleistungen erwarten, die uns erneut karmisch binden, neues Leid vorprogrammieren?

Reale Handlungen, die wir als Ursache des Karma betrachten, werden nicht gewertet, wenn sie durch Erkenntnis außer Kraft gesetzt wurden.

Erkenntnis muss uns ganz umfassen und verwandeln, erst dann können wir aus ihr leben, denken und fühlen. Dann wird Erkenntnis zur überwindenden Kraft. Sie kommt von innen, wird aus der Intuition geboren und zwingt den Verstand, radikal umzudenken. Sie arbeitet nicht mit intellektuellen Formeln und Begriffen, sondern wirkt durch eine unbewusste Veränderung des seelischen Hintergrundes. Sie ist die Kraft des Geistes.

Die erste Antwort zur Frage nach dem Beenden von Karma ist also, dass das Ich, welches Ursachen schafft und das Karma erleidet, sterben muss. Wenn die drei Feuer von Hass, Lust und Illusion aus Mangel an Nahrung ausgehen, wird die Persönlichkeit ihres eigennützigen Willens beraubt und zum gehorsamen Diener der Seele, und indem die Seele ihr altes Leben aushaucht, lernt sie neu zu leben. Denn die einzige Sklaverei ist die Begierde im Menschen, und wer sie bezwingt oder verliert, wird die Höhen des Selbstwerdens bar aller Besitztümer und Wünsche erklimmen.

Die zweite Antwort ist der ersten verwandt: „Ohne Bindung vollbringe stets Taten, die Pflicht sind, denn indem du eine Tat ohne Bindung vollbringst, erreichst du wahrhaftig das Göttliche."

Es soll kein Tun mehr geben, bei dem das „Ich" nach Resultaten strebt. Aber wenn die Tat gut zu sein scheint, d. h. eine Pflicht und nichts anderes ist, dann soll sie ohne Erwägung der Konsequenzen vollbracht werden.

Wessen Taten frei sind vom Einfluss der Begierde, wessen Taten vom Feuer der Weisheit gereinigt sind, der wird ein Weiser genannt von den Weisen. Da er jede Bindung an die Früchte der Tat verlassen hat, immer zufrieden ist, in keiner Tat Zuflucht sucht, so tut er nichts, auch wenn er handelt. Er ist frei von Wünschen. Seine Gedanken durch das Selbst beherrschend, jede Bindung verlassend, jede Tat mit dem Körper allein ausführend, gibt es für ihn keine Sünde. Zufrieden mit dem, was er erhält, frei von den Gegensatzpaaren, ohne Neid, ausgeglichen in Erfolg und Unglück, ist er nicht gebunden, obwohl er handelt. Denn wenn jede Bindung tot ist, seine Gedanken harmonisch und auf Weisheit gerichtet sind, so sind seine Arbeiten Opfer, all seine Taten schmelzen dahin.

Das Geheimnis ist also das Motiv. Die Tat muss weitergehen, denn nur durch richtige Tat kann das Gesetz zu seinem eigenen Ende gebracht werden. Aber das Motiv jeder Tat muss zunehmend selbstlos werden, bis all das, was wir einst für das „Ich" hielten, gereinigt sein wird. Was nachher zurückbleibt, ist ein Vollbringen der Tat, welche getan werden muss. Das Motiv des Handelnden besteht nur darin, dass die Tat vollbracht werden muss, weil sie richtig ist.

„Wer alles Hängen an der Werke Frucht aufgab, zufrieden immerdar und nirgends Zuflucht sucht, der handelt wahrlich nicht, selbst wenn er Werke tut. Wer zufrieden mit dem, was immer er bekommt, neidlos und von der Gegensätze Paaren frei, sich gleich bleibt in Erfolg und Misserfolg, der ist, auch wenn er handelt, nicht gebunden. Bei dem Befreiten, Bindungslosen, dessen Denken in Erkenntnis gefestigt, werden die Werke gänzlich aufgelöst." Hier, in der Bhagavadgita, haben wir ein Rezept für die Auflösung von Karma: Die Werke werden aufgelöst.

Dasselbe gilt nicht nur für unser Tun, sondern auch für alle moralischen Anstrengungen, selbst wenn wir sie Gott weihen, wenn wir „opfern". Sie werden gewürdigt, sind aber nicht entscheidend. Ihre Aufzählung – Gaben, Bezähmung des Innenlebens, heilige Studien, Askese, Yogaübungen – endet mit der lakonischen Bemerkung: „Gar viel und mannigfache Opfer werden vollzogen im Rachen Brahmas. Erkenne alle sie als Tat-geboren. Nachdem du also sie erkannt, wirst du befreit. Besser als irgendwelche Opfer ist Erkenntnis-Opfer. Alle Werke finden ihr Ende in Erkenntnis. Und hast du dies erkannt, wirst du nicht wieder in Verblendung fallen. Du wirst hierdurch die Wesen alle schauen im SELBST – und so in mir. Erkenntnisfeuer macht alle Werke zu Asche. Selbst wenn von allen Bösen du der größte Übeltäter bist, wirst du mit der Erkenntnis Boot allein alles Übel durchkreuzen.

Die Bhagavadgita zählt ihre Wirksamkeit fast psychologisch auf. Hängt der Mensch in Gedanken Sinnen-Dingen nach, so wird Neigung erzeugt. Aus Neigung entsteht Wunsch, aus Wunsch Begierde. Daraus entsteht Verblendung, aus Verblendung Verwirrung des Denkens und daraus Zerstörung der Erkenntniskraft. Und durch Zerstörung der Erkenntniskraft geht man zugrunde. Wer Sinne, Denken und Erkenntniskraft beherrscht, nur der Erlösung hingegeben, von wem Wünsche, Furcht und Leidenschaft gewichen sind, der wahrlich ist erlöst.

In der Bhagavadgita gibt es keine gezielte Bestrafung, es gibt nur Ursache und Wirkung, und beide sind durch Erkenntnis ihres Wesens aufzulösen. Wie das geht, sagt uns Brahma: „Lass mich dein Denken sein. Lass mich dein Opfer sein. Gib alle Pflichten auf und nimm mich als Zuflucht. Sorge dich nicht, ich will von allem Übel dich befreien.“ Eine Verheißung, die genauso in der Bibel stehen könnte.

Die drei Arten von Karma

Jeder Gedanke, jedes Gefühl und jede Handlung sind eine Ursache, der eine karmische Wirkung folgt, die in Qualität und Quantität der Ursache entspricht.

Die Meister teilen das Karma in drei Gruppen ein: Sanchit, das ist das Schicksalskarma, Pralabdha, das mitgebrachte, sich in dieser Inkarnation auswirkende Karma und Kriyaman, das Schicksal, das sich erst in einer späteren Inkarnation auswirkt.

Das gilt nicht nur für individuelles Karma, sondern auch für Gruppenkarma, Völkerkarma usw. Die Karmas im Einzelnen:

1.) Sanchit

Hierbei handelt es sich also um in vergangenen Inkarnationen gesammeltes Karma, das sich bisher nicht auswirken konnte, weil die Umstände es nicht zuließen oder weil der vom Selbst bewohnte Körper hierfür nicht das geeignete Instrument war.

Dieses Karma wird mit einem fliegenden Pfeil verglichen. Einmal abgeschossen, fliegt er dorthin, wohin ihn die Sehne des Bogens Ursache trägt.

2.) Pralabdha

Es ist der Teil des Karmas, der unser gegenwärtiges Leben bestimmt. Gute oder weniger gute Taten, die karmisch noch nicht ausgeglichen sind, wirken sich nun aus. Es ist der Teil des Karma, für den wir in dieser Inkarnation reif geworden sind, für den wir genügend Kraft besitzen, für den die erforderlichen Umstände geschaffen sind. Es ist unsere lebendige Gegenwart.

Es kann ein Teil des Sanchit-Karma sein, der sich nun auswirkt, es kann aber auch Karma sein, das wir in dieser Inkarnation geschaffen haben und gleich wieder auflösen können.

Hinter allem Karma stehen die Liebe und Güte des Schöpfers, der durch das Gesetz dafür sorgt, dass die Folgen unseres Tuns uns erst treffen, wenn die Gewissheit besteht, dass wir daraus lernen und nicht unter der Last zusammenbrechen werden.

Daher heißt es in der Bibel: „Wehret dem Übel nicht." Wir sollten im Gegenteil auch für das unangenehme Schicksal dankbar sein, denn die Tatsache, dass es auf uns zukommt, zeigt uns, dass wir nun reif sind, die Lehre daraus zu ziehen, um es für alle Zeit aufzulösen.

Dann sind die karmischen Ketten, die wir uns selbst geschmiedet haben, seien sie nun aus Eisen oder Gold, von uns genommen. Wir selbst haben sie uns angelegt, und nur wir können uns davon befreien.

Daher rät uns Buddha: „Seid wunschlos", denn der Wunsch ist die Ursache der Eigenwilligkeit, und die Eigenwilligkeit die Ursache des Schicksals.

3) Kriyaman

Es ist das Karma, das aufbewahrt wird, um sich in einer späteren Inkarnation oder doch noch in der Zukunft des jetzigen Lebens zu erfüllen. Wir werden also in Zukunft ernten, was wir jetzt säen. Es ist der Teil des Karma, den wir jetzt und hier frei gestalten nach unserem Wissen und Willen.

Natürlich können wir bewusst Karma verursachen, dann, wenn uns das Gesetz von Ursache und Wirkung bekannt ist. Was immer wir in der Vergangenheit gemacht haben mögen, nun können wir uns von den Folgen befreien, indem wir die Ursache durch Erkenntnis auflösen und bewusst neue Ursachen setzen.

Es ist unser Tor zur Freiheit, das aber auch in neue Abhängigkeit führen kann, je nach unserer Entscheidung und unserem Verhalten.

Wir unterscheiden noch drei weitere Formen von Karma

1.) Sukarma

Dies ist die Folge von hilfreichen, lebensgerechten Taten, die auch auf uns eine hilfreiche und aufbauende Wirkung haben. Wenn es sich jemand zum Grundsatz gemacht hat, der Gemeinschaft zu dienen und zu helfen, wo immer es möglich ist, ohne eine Gegenleistung zu erwarten oder einen Dank, sondern sich durch sein eigenes Tun belohnt fühlt, dann erntet er diese Form des Karma.

2.) Vikarma

Das ist Karma, welches entsteht, wenn wir, bewusst oder unbewusst, gegen die Lebensgesetze verstoßen und Anderen Leid verursachen. Die Folge ist ebenfalls Leid für uns. Es entsteht, wenn jemand weder dient noch hilft, sondern nur immer die Dienste der Anderen als selbstverständlich in Anspruch nimmt, ohne eine Gegenleistung zu erbringen.

3.) Akarma

Es ist die Folge davon, dass jemand vielleicht hilft, aber eine entsprechende Gegenleistung erwartet und dann auch bekommt, wenn auch nicht immer aus der Richtung, aus der er es erwartet hat. Es handelt sich also um ein ausgeglichenes Geben und Nehmen, einen Austausch von Diensten. Es folgt aber auch dann, wenn den Handlungen kein eigener Wille zugrunde lag, weil jemand nur noch den Willen der Schöpfung durch sich verwirklicht. Auch hier bleibt die Handlung neutral, und es folgt kein Karma.

Der Tod als Krönung des Lebens

Der Tod ist das Ziel und das Ende unseres Lebens. Da wir alle einmal sterben werden, sollten wir uns viel mehr mit dem Tod befassen, doch für die meisten Menschen ist der Tod ein Tabu. Vielleicht, weil der Mensch Angst hat vor dem endgültigen Ende, davor, einfach nicht mehr hier zu sein.

Wirklichkeit aber ist, dass wir immer sein werden. Wir sind alle reines Bewusstsein und daher unsterblich. Wir können weder geboren noch krank werden oder sterben. Unser wahres Selbst kann nur sein. Und doch ist dieses Sein auch ein ständiges Werden. Wir werden, was wir in Wirklichkeit sind – und schon immer waren: reines Bewusstsein, das, vollkommen geschaffen, sich mehr und mehr seiner selbst bewusst wird. Damit treten wir unser geistiges Erbe an.

Selbst wenn dieser Tag Ihr letzter sein sollte, was wäre daran schon schlimm? Es würde nur bedeuten, dass wir wieder zurück nachhause dürfen, weil unsere Aufgabe erfüllt ist. Ich bin in jeder Minute bereit, loszulassen und zu gehen.

Bereit sein aber heißt, alles getan zu haben, was zu tun war. Haben Sie alles getan? Stellen Sie sich doch einmal vor, Sie wüssten absolut sicher, dass Sie nur noch wenige Tage zu leben hätten und blicken nun zurück auf Ihr Leben. Was haben Sie erreicht? Was haben Sie versäumt, und was würden Sie noch tun wollen? Wohin wollen Sie noch gehen, mit wem wollen Sie noch sprechen? Diese Fragen sollten wir einmal ganz ernsthaft und sorgfältig prüfen und Antworten darauf finden.

Zunächst aber sollten wir dafür sorgen, dass wir nicht vorzeitig sterben, damit wir unsere Aufgabe hier voll erfüllen können.

Man spricht heute viel davon, dass das Leben so gefährlich geworden sei. Der Stress, die Luftverschmutzung, der viele Kunstdünger, Atomkraftwerke oder gar ein dritter Weltkrieg sind Gründe für verbreitete Lebensängste. Viele Menschen träumen daher von einer Welt, in der das Leben weniger riskant wäre. Kann es aber eine solche Welt geben, oder hat es eine solche Welt früher einmal gegeben? Ich glaube nicht.

Vor hundert Jahren betrug die mittlere Lebenserwartung nur 50 Jahre, heute dagegen sind es 72 Jahre. Das kann doch nur bedeuten, dass die Summe aller Risiken heute geringer sein muss als damals. Gewiss, in der guten alten Zeit, die gar nicht so gut war, wenn wir nur einmal an Kinderarbeit, 10-Stunden-Tag, 6-Tage-Woche und die großen Volksseuchen wie Tuberkulose denken, da gab es kaum einmal einen Herzinfarkt, und auch der Krebs spielte eine untergeordnete Rolle, aber die Menschen alterten früher und starben früh, meist an einer der verbreiteten Krankheiten.

Das Leben war zu allen Zeiten gefährlich und endete schon immer mit dem Tod. Wir neigen aber dazu, manche Gefahren zu überschätzen – und andere wiederum einfach zu akzeptieren, obwohl sie viel größer sind. Wenn wir unser Leben nicht einer unnötigen Gefahr aussetzen wollen, müssen wir zunächst einmal lernen, die Gefahren realistischer einzuschätzen.

Wenn ich etwa auf der Autobahn einem Hasen ausweichen will, begebe ich mich selbst in eine große Gefahr. Es ist sicher nicht wünschenswert, dass Tiere überfahren werden, aber diese falsch verstandene Tierliebe kann mein Leben kosten. Sie bedeutet zumindest eine große Gefahr für mich, die ich vermeiden kann.

In Deutschland sterben übrigens die meisten Menschen durch Ernährungsfehler. Es sind jährlich rund 340 000, wie Wissenschaftler schätzen. Staatssekretär Georg Gallus vom Bundesernährungsministerium beziffert die durch falsche Essgewohnheiten verursachten Folgen auf rund 20 Milliarden Mark pro Jahr. Professor Gotthard Schettler aus Heidelberg glaubt, dass allein durch Übergewicht, Fehlernährung und daraus resultierende Folgekrankheiten jährlich 30 bis 40 Milliarden Mark an Kosten entstehen. „Trotz dieser Tatsachen“, wundert sich Professor Erich Menden aus Gießen, „gilt die Angst der Bevölkerung vorrangig einer möglichen Vergiftung durch Nahrungsmittel. Diesem Unsinn muss durch bessere Informationen Einhalt geboten werden. Fehlernährung ist eindeutig gefährlicher als möglicher Schadstoff in unseren Lebensmitteln.“ Falsche Ernährung ist demnach unser größtes Lebensrisiko.

Damit zusammen hängt eine ungeheure Verengung der Sicht: Im Prisma und Blickpunkt des männlichen, nur gegenständlich flimmernden, auf Besitz, Sicherung und Leistung bezogenen Bewusstseins reduzieren sich der Logos zur Ratio, die kosmischen Mächte zu psycho-physisch „greifbaren“ Trieben, die Liebe zu einer Art des Haftens – und alles, alles wird zu einem „Objekt“, zu einem manipulierbaren Gegenstand, auch der Mensch.

Das Leben ist ein Sterben, der Tod ist nur der letzte Schritt davon. Gott sei Dank, wenn der Tod Zeit hat, in uns langsam, still und voll heranzureifen! Oder wenn der Mensch gar im Geiste schon gestorben ist, ehe er leiblich stirbt, d. h. wenn er seine Seele ganz nach innen, statt nach außen gerichtet und damit dem Leib entzogen hat.

Doch was geschieht mit dem Bewusstsein, wenn ein Mensch stirbt? Die Antwort, dass es dann einfach verschwindet im Sinne von „nicht mehr da sein“ gehört bestimmt zu den gedankenlosesten Aussagen der Menschheitsgeschichte. Selbst die Physik lehrt uns seit geraumer Zeit, dass Energien nicht verschwinden, sondern lediglich ihre Zustandsformen ändern können. Was berechtigt uns anzunehmen, dass etwas sich in ein Nichts auflöst, nur weil es aus unserer Sichtbarkeit entschwindet?

Hintergrund dieses eklatanten Fehlschlusses ist die heute (noch immer) geltende Meinung der Wissenschaft, Bewusstsein wäre ein Produkt des menschlichen Gehirns beziehungsweise des menschlichen Nervensystems. Aus dieser Hypothese folgt dann anscheinend schlüssig, dass nach Versagen des Produzenten auch kein Produkt mehr zu erwarten sei. Doch leider ist diese Hypothese das Überbleibsel einer naiv-materialistischen Denkweise.

Ein Beispiel soll das Problem klären: Aus einem Radiogerät ertönt Musik. Daraus könnte man schließen, das Radiogerät produziere die Musik. Die Hypothese lässt sich dadurch untermauern, dass bei Zerstörung des Geräts auch die Musik verschwindet. Dennoch wissen wir alle, dass die Hypothese nicht stimmt, denn das Radiogerät ist eben nicht der Produzent der Musik, sondern lediglich ein Transformator, der das an sich existierende (und aus einer ganz anderen Quelle stammende) Radioprogramm auf eine für uns wahrnehmbare Ebene transformiert. Durch Zerstören des Geräts verschwindet zwar das Programm aus unserem Wahrnehmungsbereich, doch es wird dadurch nicht vernichtet. Es existiert auf seiner Ebene weiter und kann jederzeit durch einen geeigneten anderen Empfänger wieder in unseren Wahrnehmungsbereich gelangen.

Man braucht in diesem Beispiel nur das „Radiogerät“ durch „Gehirn und Nervensystem“ zu ersetzen und das „Programm“ durch „Bewusstsein“, um schnell und einfach die Verwechslung zu durchschauen.

Es gibt immer wieder Fälle von Menschen, die bereits für klinisch tot erklärt wurden, die aber wieder ins Leben zurückkamen. Ein Punkt ist dabei besonders interessant: Diese Menschen, die dem Tod schon einmal sehr nahe waren, änderten nach diesem Erlebnis ihr Leben meistens grundlegend. Angesichts des Todes scheinen sich viele unserer Einstellungen zum Leben zu verändern. Der Tod ist das Maß, an dem unser Handeln gemessen werden kann. Angesichts des Todes können wir erkennen, ob das, was wir heute tun, wesentlich oder unwesentlich ist. Natürlich stellt sich damit sofort die Frage: Was ist das Wesentliche in unserem Leben? Hat das Leben überhaupt einen Sinn? Ich glaube nicht! Ich sehe es als unsere Aufgabe an, unser Leben selbstverantwortlich zu gestalten. Wir selbst sind es, die dem Leben durch unser Tun einen Sinn geben. Wir selbst müssen entscheiden, was wir mit diesem unserem Leben anfangen wollen. Die Alltagsrealität des Todes kann uns dies deutlich machen. Denken Sie öfter daran, dass der Tod jeden Tag kommen kann. Und nutzen Sie diese Gedanken, um für sich selbst zu erkennen, was in Ihrem Leben wesentlich und was unwesentlich ist. Meditation kann uns hier eine Hilfe sein. Durch Meditation kann unsere Angst vor dem Tod eines Tages ganz verschwinden. Vielleicht wird das der Tag sein, an dem wir wirklich zu leben beginnen. Denn nur wer seine Ängste überwindet, ist frei.

Das Sterben ist die letzte große Lebensaufgabe eines jeden Menschen. Jeder Mensch braucht Hilfe, wenn er allein und hilflos ist. Jeder Mensch ist an den äußersten Grenzsituationen des Lebens allein: bei der Geburt und beim Tod. Bei beiden braucht er den Beistand seiner Mitmenschen. Geburtshilfe entspricht dem Recht auf Leben, Sterbehilfe entspräche demnach dem Recht auf einen würdigen und friedlichen Tod.

Den im Westen aufgewachsenen Menschen fällt es heute oft schwer, an die Unsterblichkeit ihrer Seele zu glauben, weil sie ganz in den Lebensumständen, im Beruf und der Familie aufgehen und so das Gefühl für die Tiefe ihres wahren Seins verlieren. Wer sich mit der Rolle identifiziert, die er auf Erden spielt, hat Schwierigkeiten zu erkennen, was von ihm bleiben soll, wenn diese Rolle beendet ist.

Doch alles, was uns auf Erden zufällt, ist nur geliehen, und wir werden es hier zurücklassen und sollten bereit sein, jederzeit ohne zu klagen loszulassen.

Der nach außen gerichtete Mensch sieht in allen äußeren Dingen eine willkommene Abwechslung und erkennt nicht, dass er so seine wahre Aufgabe nicht sieht. Der nach innen gerichtete Mensch aber erkennt in allen äußeren Dingen und Umständen das Spiegelbild seiner inneren Wirklichkeit, und so wird ihm alles Äußere nur Anlass, das Innere noch klarer zu erkennen und sich ihm zuzuwenden.

Wir alle sind frei und gleich geschaffen, nicht aber gleich geboren, denn auf unserem Weg zum Ziel haben wir unser geistiges Erbe unterschiedlich weit in Besitz genommen und ein mehr oder weniger großes Stück auf dem Weg zum Ziel zurückgelegt.

Die Wirklichkeit zeigt, dass es keinen Tod gibt. Wenn ein Mensch stirbt, lässt eine unsterbliche Seele einen Körper auf der materiellen Ebene zurück und begibt sich auf die nächste Ebene des Seins.

In den meisten Fällen ist der Tod im Übrigen einfacher als die Geburt. Sterben kann nur schwierig sein, wenn wir uns nicht rechtzeitig vorbereiten, wenn wir an dieser Ebene festhalten wollen. Wenn wir uns nicht von unserer Familie oder unserem Besitz lösen können.

Doch auch wenn beim Sterben der Körper heftige Zuckungen durchmacht und der Sterbende qualvoll stöhnt, so sind dies meist nur Reflexe. Wenn man bei dem Sterbenden nachfragt, sobald er wieder klar bei Bewusstsein ist, erinnert er sich nicht an Schmerzen. Beim Tod gleitet die Seele sanft und ruhig hinüber.

Spätestens beim Sterben müssen wir daher die Lektion des Loslassens lernen, und wohl dem, der sie dann schon beherrscht. Wir sollten daher rechtzeitig loslassen lernen oder, besser noch, gar nicht erst an irgendwelchen äußeren Dingen festhalten. Nimm dankbar, wenn das Leben dir etwas bietet, erfreue dich, aber hafte nicht daran und versuche nicht, es festzuhalten.

Angst vor dem Tod ist nichts, als die Angst vor dem Loslassenmüssen. Deshalb werden wir erst wirklich leben lernen, wenn wir gelernt haben zu sterben.

Der Tod ist nur ein Tor, durch das wir gehen, wenn unsere Zeit gekommen ist. Doch von einer anderen Ebene aus gesehen ist er eine Geburt. Die Seele aber geht ihren Weg und weiß nichts von Geburt und Tod. Sie ist frei und unsterblich.

Ein „Embryo-Wissenschaftler" spricht!

Meine sehr verehrten Embryos!

Immer wieder einmal gibt es Penetranten unter uns, die glauben, dass es nach den uns vom Schicksal zugeteilten neun Monaten noch ein Weiterleben geben könnte. Das ist natürlich absolut unmöglich, und jedem Realisten sollte das klar sein.

Halten wir uns doch einmal die Tatsachen vor Augen. Wir wachsen heran, behütet im Mutterschoß, bis wir nach etwa neun Monaten ausgestoßen werden. Die Nabelschnur, die uns bisher mit allem Lebensnotwendigen versorgte, wird durchschnitten, und dann ist Schluss.

Wir müssen uns nun einmal mit diesen Tatsachen abfinden, und nur ein absoluter Träumer kann da noch behaupten, das Leben könne danach weitergehen, ja manche versteigen sich sogar zu der vermessenen Behauptung, das sei erst der Anfang, dies sei die Geburt zum eigentlichen Leben.

Jeder einigermaßen ernsthafte Wissenschaftler kann über einen solchen Unsinn nur den Kopf schütteln und sich wundern, wie man so etwas ernsthaft glauben kann.

Wenn dem aber wirklich so wäre, dann wäre doch schon einmal einer zurückgekommen und hätte uns davon berichtet. Wie wir jedoch alle wissen, ist noch keiner zurückgekommen, und es wird auch keiner kommen, denn nach neun Monaten ist nun einmal unwiderruflich Schluss.

Außer der Abwesenheit von Schmerzen und der Erfahrung physischer Ganzheit in einem vollkommenen Körper, den wir den Ätherkörper nennen können (siehe Anhang), bemerkten die Menschen auch, dass es unmöglich ist, allein zu sterben. Es gibt drei Gründe, warum niemand allein sterben kann, niemand, selbst wenn er in einer Wüste stirbt, einige hundert Meilen vom nächsten menschlichen Wesen entfernt. Und selbst wenn er ein Astronaut wäre, der in einer Kapsel in den Weltraum geschickt wurde und sein Ziel verfehlte und im Universum kreiste bis zu seinem natürlichen Tode. Wenn sich Menschen langsam auf den Tod vorbereiten, wie es oft bei krebskranken Kindern der Fall ist, beginnen manche vor dem Tode zu bemerken, dass sie die Fähigkeit haben, ihren physischen Körper zu verlassen und Astralwanderungen zu machen, wie wir es nennen. Diese Erfahrungen geschehen in gewissen Schlafzuständen, in denen sich einige von ihnen der Astralwanderungen bewusst sind. Das ist vor allem bei sterbenden Kindern der Fall, die sich viel besser einstimmen können und spiritueller sind als gesunde Kinder des gleichen Alters. Sie können sich dieser kurzen Reisen aus ihrem physischen Körper entsinnen, was ihnen hilft beim Übergang, da sie bereits vertraut sind mit diesem Ort, zu dem sie gehen.

Während dieser außerkörperlichen Erfahrungen werden sich die sterbenden Patienten, junge und alte, der Gegenwart von Wesen bewusst, die sie umgeben, sie führen und ihnen helfen. Kleine Kinder sprechen oft von ihnen, die Kirchen haben sie Schutzengel genannt, die meisten Forscher würden sie Geistführer nennen. Es ist nicht wichtig, welche Namen wir ihnen geben. Aber wichtig ist zu wissen, dass jedes einzelne Menschenwesen diese Geistführer oder Schutzengel trifft, die auf uns warten und uns beim Übergang von diesem Leben zum Leben nach dem Tode helfen. Auch werden wir dann immer den Menschen begegnen, die wir liebten und die uns vorausgegangen sind in den Tod, wie etwa ein Kind, das wir vor Jahrzehnten verloren haben, Großmutter, Vater und Mutter oder andere Menschen, die uns wichtig waren.

Wir sind auch viel befragt worden wegen der Geistführer oder Schutzengel und der Gegenwart liebevoller Menschenwesen, besonders der schon verstorbenen Familienmitglieder, die uns zum Zeitpunkt unseres eigenen Hinübergehens entgegenkommen und begrüßen. Natürlich stellt sich hier wieder die Frage, wie kann man diese häufigen Erscheinungen auf wissenschaftliche Art nachprüfen?

Eine befreundete Psychiaterin berichtete mir: „Tausende von Menschen überall auf der Erde sollen kurz vor dem Tod die gleiche Halluzination haben, nämlich die Wahrnehmung einiger Verwandter oder Freunde, die ihnen vorangingen. Wir dachten, es müsse eine Erklärung dafür geben, wenn es wirklich so ist. So gingen wir daran, Mittel und Wege zu finden, dies zu untersuchen, es zu bestätigen – oder zu beweisen, dass es nur eine Projektion von Wunschdenken war. Der beste Weg dazu schien uns, bei sterbenden Kindern zu sitzen.

Wir taten das gewöhnlich nach dem dritten Juli-Wochenende, am Memorial Day, wenn die Familien sich in ihren Wagen zusammendrängen und es auf den Straßen viele Frontalzusammenstöße gibt, nach denen schwer verletzte Überlebende in verschiedene Krankenhäuser gebracht werden. Ich habe es mir zur Aufgabe gemacht, dann bei schwer verletzten Kindern zu sitzen und mich um sie zu kümmern. Da ich wusste, dass ihnen weder die Namen noch die Anzahl der getöteten Verwandten bekannt waren, machte es mir großen Eindruck, dass sie immer genau sagen konnten, wer ihnen im Tod vorangegangen war. Ich sitze also bei ihnen, schaue sie schweigend an, halte vielleicht ihre Hand, bemerke ihre Unruhe und oft, kurz vor dem Tod, eine friedvolle Heiterkeit, die immer ein bedeutsames Zeichen ist. Zu diesem Zeitpunkt frage ich sie, ob sie mir nicht sagen können, was sie erleben. Sie erzählen dann in sehr ähnlichen Worten, etwa: „Jetzt ist alles gut. Mami und Peter warten schon auf mich.“ Ich weiß zwar, dass die Mutter am Unfallort plötzlich gestorben ist, weiß aber nicht, dass der Bruder Peter auch tot ist. Kurz danach bekomme ich einen Anruf aus dem Krankenhaus und erfahre, dass Peter vor zehn Minuten gestorben ist.

In all den vielen Jahren, in denen wir diese Art von Daten gesammelt haben, ist uns niemals ein Kind begegnet, das kurz vor seinem eigenen Tod eine Person der Familie nannte, die nicht schon – und sei es vor wenigen Minuten – vorangegangen war. Ich kann mir das nicht anders erklären als damit, dass diese Wesen sich schon der Gegenwart ihrer Familienmitglieder bewusst sind, die auf sie warten, auf ihr eigenes Hinübergehen, darauf, dass sie wieder vereint sind in einer anderen Form des Lebens, die viele Menschen noch nicht wirklich verstehen.

Ein anderes Erlebnis bewegte mich sogar noch mehr als die Kinder, und das war der Fall einer Indianerin. Wir wissen sehr wenig von Indianern, da sie nicht oft über Tod und Sterben reden. Diese junge Indianerin war auf dem Heimweg von einem Lastwagen überfahren worden, und ein Fremder hielt seinen Wagen an, um zu versuchen, ihr zu helfen. Sie sagte ihm ruhig, dass er nichts weiter für sie tun könne, außer vielleicht eines Tages in die Nähe des indianischen Schutzgebietes zu kommen, wo ihre Mutter lebte, ungefähr 700 Meilen vom Ort des Unfalls entfernt. Sie hätte eine Botschaft für ihre Mutter. Die Botschaft lautete, dass es ihr gut ginge, und dass es ihr nicht nur gut ginge, sondern dass sie sehr glücklich sei, weil sie schon mit ihrem Vater zusammen sei. Sie starb dann in den Armen des Fremden, der so berührt davon war, zur rechten Zeit am rechten Ort gewesen zu sein, dass er einen 700 Meilen weiten Umweg fuhr, um die Mutter im Indianerschutzgebiet zu besuchen. Dort erfuhr er, dass ihr Lebensgefährte, der Vater der Getöteten, einige Stunden vor dem Unfall an einem Herzinfarkt in diesem Schutzgebiet gestorben war, also 700 Meilen entfernt.

Wir haben viele, viele ähnliche Fälle, wo Menschen, die im Sterben liegen und den Tod von Familienmitgliedern nicht bemerkt hatten oder nicht darüber informiert waren, doch von ihnen begrüßt wurden.“

Nachdem wir unseren Führer und Schutzengel getroffen haben, erleben wir einen symbolischen Übergang, der oft in der Form eines Tunnels beschrieben wird. Manche Menschen erfahren ihn in Form eines Flusses, manche als ein Tor, und jeder wird das für ihn passendste Symbol wählen. In meiner eigenen persönlichen Erfahrung war es natürlich ein Bergpfad mit wilden Blumen, einfach weil zu meiner Vorstellung vom Himmel Berge und wilde Blumen gehören, die Quelle von viel Glück während meiner Kindheit in der Schweiz.

Nachdem wir durch diese sehr schöne und individuell angemessene Form des Übergangs, etwa den Tunnel, gelangt sind, nähern wir uns einer Lichtquelle, die viele unserer Patienten beschreiben. All dies gehört zur Gegenwart dieses Lichtes, das eine Quelle reiner spiritueller Energie ist, nicht mehr physischer oder psychischer Energie. Spirituelle Energie kann niemals von Menschen manipuliert oder missbraucht werden. Es ist die Energie eines Lebensbereiches, in dem es keine Negativität gibt, und das bedeutet, dass wir keine negativen Emotionen erleben können, auch wenn wir im Leben schlecht waren oder uns schuldig fühlten. Es ist auch ganz unmöglich, in dieser Gegenwart, die viele Menschen Christus oder Gott nennen, verurteilt zu werden, da sie die totale, bedingungslose Liebe ist.

In dieser Gegenwart werden wir uns unseres eigentlichen Potenzials bewusst, dessen, was wir hätten sein können, hätten leben können. Und in dieser Gegenwart, umgeben von Mitgefühl, Liebe und Verständnis, werden wir aufgefordert, unser ganzes Leben zu überschauen und zu beurteilen, nachdem wir nicht mehr mit unserem Intellekt oder physischen Gehirn und dem begrenzenden physischen Körper verbunden sind. Wir haben alles Wissen, alles Verständnis. In dieser Existenz müssen wir jeden Gedanken, jedes Wort, jede Handlung unseres Lebens an uns vorbeiziehen lassen und sie beurteilen, wobei wir uns gleichzeitig bewusst werden, wie sie auf andere einwirkten. In der Gegenwart dieser spirituellen Energie haben wir nicht länger das Bedürfnis nach einer physischen Form, und wir lassen diesen simulierten Ätherkörper zurück und nehmen die Form wieder an, die wir hatten, ehe wir geboren wurden, eine Form, die wir in der Ewigkeit zwischen den Leben ebenso haben, eine Form, die wir auch haben werden, wenn wir verschmelzen mit der Quelle, mit Gott, wenn wir unser Schicksal erfüllt haben. Es ist wichtig zu verstehen, dass wir vom Beginn unserer Existenz bis zur Rückkehr zu Gott unsere Identität und unsere eigenen Energiemuster behalten und dass unter den Billionen von Menschen in diesem Universum, auf der physischen Ebene und in der uneingeschränkten Welt, nicht zwei Energiemuster, keine zwei Menschen gleich sind! Dies sind nicht einmal eineiige Zwillinge. Falls jemand an der Größe unseres Schöpfers zweifelt, sollte er bedenken, was für ein Genie dazu gehört, Billionen von Energieformen zu schaffen, von denen auch nicht zwei gleich sind! So sind wir, wenn wir gestorben sind. So existieren wir auch, bevor wir geboren werden.

Wir sollten uns eigentlich ständig unseres wahren Wesens bewusst sein, sollten wissen, dass wir unsterbliches Bewusstsein sind, ein Teil des einen Bewusstseins. Wir alle haben schon unzählige Male gelebt. Wir waren arm und reich, Mann und Frau, Bettler, König, Präsident und Soldat, und die Verhältnisse, unter denen wir das nächste „Leben" beginnen werden, bestimmen wir in diesem Leben selbst.

Das, was wir ein Leben nennen, ist in Wirklichkeit nur ein Tag unseres ewigen Seins. Aller Reichtum, den wir angesammelt haben mögen, ist bedeutungslos, denn alles, was wirklich zählt, ist der geistige Reichtum, den wir erwerben. Nur das bleibt uns wirklich für immer.

Immer wieder taucht die Frage auf, was man denn tun könne, um sich auf das nächste Leben vorzubereiten. Wie schon gesagt, der beste Weg, sich auf die nächste Inkarnation vorzubereiten, ist dieses Leben richtig zu leben. Die gebotenen Chancen zu nutzen und den Augenblick zu erfüllen. Dazu gehört auch, für die Gemeinschaft zu denken und dem Ganzen zu dienen.

Diese Welt ist eine Schule, und das Wesentliche an einer Schule ist der Unterricht. Nicht die Rolle ist wichtig, die ich hier spiele, sondern einzig und allein, wie ich meine Aufgabe erfülle. Ich bestimme, ob ich eine Hauptrolle im Leben spiele oder nur eine kleine Nebenrolle. Das Ziel des Unterrichts aber ist, sich Gott zuzuwenden, auf das Höchste zu blicken und sein ganzes Leben darauf auszurichten.

Ist mein Unterricht aber beendet, so kann mein Körper abgelegt und vergessen werden. Es ist überflüssig, einen Gedenkstein für diesen Körper anzubringen. Niemand würde seinen alten Anzug vergraben und mit einem Gedenkstein ehren oder seinem verrosteten Auto ein Denkmal setzen. Lassen wir die Vergangenheit los, sie ist vergangen und kommt nie mehr wieder.

Um loslassen zu können, brauchen wir Abstand, und den finden wir in der Stille. Dort klärt sich unser Gemüt, und unser Blick schärft sich für das Wesentliche. Dem Menschen unserer Tage fehlt die Stille, die äußere, besonders aber die innere Stille. Doch die meisten Menschen können Stille gar nicht mehr ertragen. Wenn es um sie herum still wird, dann fliehen sie in die Geschäftigkeit, bevor es in ihnen auch still werden könnte. Denn in der Stille fällt ihnen meistens die Decke auf den Kopf.

Die innere Stille hat nichts mit Geräuschen zu tun. Sie ist ein Zustand des Gemütes, in dem keine Eigenbewegung mehr die innere Wandlung behindert. Je mehr wir in die Stille gehen, desto weniger haben wir zu sagen und umso mehr nehmen wir wahr, bis wir letztlich nur noch Gott wahrnehmen.

Der erste Schritt auf diesem Weg ist, zu lernen, sich selbst zu beherrschen. Jesus hat gesagt:

„Jeder trage sein Kreuz“ und nicht:
„Jeder trage mein Kreuz“.

Das Leben bürdet uns nie mehr auf, als wir tragen können. Mohammed hat dazu gesagt:

„Nur soviel ist euch auferlegt, als zu tun in euren Kräften liegt.“

Also können wir gelassen diese Aufgabe angehen, denn wir werden nicht überfordert. Es sind auch nicht die Dinge, die uns beunruhigen, sondern unsere Meinung über die Dinge.

Dazu gehört auch, dass wir bewusst leben und den Augenblick nutzen, denn er ist die einzige Zeit, die uns gehört. Auch durch den Tod verliere ich nur einen Augenblick, weil ich nur diesen wirklich besitze. Trotzdem leben die meisten Menschen in der Vergangenheit oder in der Zukunft und versäumen so die Gegenwart, ihr Leben.

Doch die Vergangenheit ist tot, die Zukunft noch nicht geboren. Wir leben nur wirklich in der Gegenwart, in diesem Augenblick, im ewigen JETZT.

Nur wer gelassen durchs Leben geht und die Wirklichkeit hinter dem Schein erkennt, lebt wirklich. Der hat erkannt, dass alle großen Meister für ihn gelebt haben und die Gesetze des Lebens für ihn überliefert haben. Der nimmt, glücklich und dankbar, diese Erkenntnisse entgegen und tritt so sein geistiges Erbe an.

Er weiß, dass alles seine Zeit hat. Er erkennt und nutzt die Zeit der Aktivität und geht, wenn es Zeit ist, in die Stille. Er überwindet die innere Rastlosigkeit durch Gelassenheit und zeigt sich und den anderen, dass der Weise sich selbst genug ist, um glücklich zu leben. Er geht so sorglos von dannen, wie er gelebt hat.

Nur wenige sorgen dafür, dass sie gut leben, sondern nur dafür, dass sie möglichst lange leben. Worauf es ankommt aber, ist, nicht dem Leben mehr Jahre zu geben, sondern vielmehr den Jahren mehr Leben.

Der Weise erkennt, dass selbst der Tod kein Übel ist, und so kann er alles, was eine geringere Beeinträchtigung ist als der Tod, gelassen hinnehmen. Er weiß, dass sein wahres Selbst weder geboren wurde noch sterben kann – er wird immer sein, wie also könnte er Angst haben vor dem Tod? Welchen Tod sollte er fürchten?

Er erkennt den Sinn des Lebens, der jenseits steht von Sinn oder Unsinn dieser Welt und ruht in der Gewissheit des Einsseins mit allem und in der Liebe für alles.

Dein Wille geschehe!

Ich möchte noch einmal das Wesentliche zu einem Leben in Harmonie mit dem Gesetz zusammenfassen:

1.) Loslassen

Den eigenen Willen loslassen, alle Absichten, aber auch den Ehrgeiz, selbst etwas erreichen zu wollen. Genauso alle Wünsche und Begierden. Nicht selbst den Platz in der Schöpfung bestimmen wollen, sondern bereit sein, den Platz, an dem man steht, vollkommen auszufüllen. Nicht eine große Aufgabe erwarten, sondern die kleine Aufgabe, die vor mir liegt, wie eine große erfüllen. Kanal werden für den Schöpfungswillen. Das Ego zurücknehmen und später auflösen. Ich bin dann „nur noch" ein individualisierter Teil des kosmischen Bewusstseins.

2.) Erkennen

Erkennen, dass die Schöpfung bereits vollkommen, aber noch nicht vollständig ist. Einschwingen in den göttlichen Willen, zu erkennen suchen, was die Schöpfung jetzt durch mich hier verwirklichen will. Tun, was zu tun ist und alles, was ich tue, auch wirklich gut tun, und nicht nur gut, sondern auch gern. Erkennen, dass jeder Platz der richtige Platz ist und dass alles mir zum Guten dient, auch wenn es schmerzhaft oder unangenehm ist. Erkennen, dass alles Schicksal von mir verursacht ist und nur von mir aufgelöst werden kann, durch Erkenntnis oder Erleben.

3.) Verwirklichen

Eins werden mit dem Schöpfungswillen, sobald alle Hindernisse in mir beseitigt sind. Der Vater und ich SIND eins. Harmonie in sich verwirklichen und damit Gesundheit und Glück. Jederzeit bereit sein zu gehen. Alle Beziehungen in Ordnung bringen, die eigenen Angelegenheiten regeln, als wäre es der letzte Tag. Dabei ganz im JETZT leben, den Augenblick wirklich erleben. Eins sein nicht nur mit Gott, sondern auch mit jedem einzelnen Teil der Schöpfung, vor allem mit jedem Menschen.

Wir ziehen Bilanz

Der erste Schritt ist immer zu erkennen, wenn etwas geändert werden sollte. Diesen Schritt haben Sie bereits getan, denn deshalb lesen Sie dieses Buch.

Nun kommt es darauf an, wieviel von dem Gebotenen Sie aufgenommen haben. Das hängt von Ihrer Aufmerksamkeit ab, von Ihrem Interesse und Ihrer Auffassungsgabe. Da es um Sie selbst geht, dürften Sie genügend interessiert sein, etwas zu ändern.

Damit sind wir beim nächsten Schritt. Wieviel von dem Aufgenommenen wird tatsächlich verwertet, angewendet, wirklich gelebt? Welche Konsequenzen sind Sie bereit zu ziehen?

Um ein Fehlverhalten zu beseitigen, muss man es zunächst einmal erkennen. Inzwischen haben Sie vielleicht erkannt, wo etwas noch nicht optimal ist und können sich diese Frage jetzt klar beantworten. Das sollten Sie am besten sogar schriftlich tun. Jetzt gleich, dann ist es auch wirklich getan.

Doch sollten wir nicht nur auf unser Fehlverhalten achten, sondern auch das erwünschte Verhalten erkennen, stärken und stabilisieren, zur Gewohnheit werden lassen, damit unsere Kraft und unsere Fähigkeiten optimal genutzt werden. Auch darüber sollten wir uns gleich an dieser Stelle klar werden.

Das alles sollten wir dann in klare Bejahungen zusammenfassen. Ab sofort werde ich ... oder: ich achte stets darauf, dass ... oder: ich lasse von nun an ... usw. Und darauf konzentrieren wir von nun an alle Kraft, bis dieses erwünschte Verhalten zu einem Teil unserer Persönlichkeit geworden ist. –

1.) Ab sofort nie mehr klagen.
(Denn wem machen Sie damit Vorwürfe ?)

2.) Nie mehr Negatives denken und sagen, und negative Gedanken sofort ins Positive umkehren.
(Denn wem schaden Sie damit am meisten?)

3.) Tagesrückschau
(Mehrmals täglich Psychohygiene durchführen.)

4.) Nur noch Positives denken und sagen.
(Einen Wächter aufstellen vor dem Tor des Bewusstseins, der nur Gutes hinein und hinaus lässt.)

5.) Alles das auch wirklich tun, was man schon längst als gut und richtig erkannt hat, damit man nicht mehr wider besseres Wissen handelt.
(Keine mildernden Umstände mehr.)

6.) Nichts mehr von Anderen erwarten. Worüber wollen Sie sich dann noch ärgern? Wer kann Sie denn noch enttäuschen, beleidigen oder verletzen?
(Frei sein von Lob und Kritik, von der Wertschätzung anderer.)

7.) Das Kausalitätsprinzip anwenden und bewusst die eigene Zukunft gestalten.
(Schöpferische Imagination anwenden.)

8.) Liebe Deinen Nächsten.
(Was Du dem geringsten meiner Brüder tust, hast Du mir getan.)

9.) Dein Wille geschehe!

Nehmen Sie sich täglich ein paar Minuten Zeit, und denken Sie an frühere Ereignisse in Ihrem Leben, die am besten Ihre Übereinstimmung mit den Eigenschaften der höchsten Denkmuster ausdrücken, die Sie in sich wecken können. Es sind damit folgende Eigenschaften gemeint:

- Anderen dienen
- Gott in jeder seiner Äußerungen erkennen
- Gehorsam gegenüber höheren Gesetzen
- Freude und Fröhlichkeit
- Mitgefühl
- Leben in der Gegenwart
- Versöhnlichkeit
- Geduld
- Demut

Warum willst du jemanden besuchen, der mich vollkommener ausdrückt als du, anstatt mich in dir vollkommener auszudrücken!

Jeder kann diese Eigenschaften in sich erwecken.

Ein erfülltes Leben leben

Viele möchten ein erfülltes Leben leben, sehen aber keinen Weg. Das scheint eine so große Aufgabe, dass man den Anfang oft nicht findet.

In Wirklichkeit ist der erste Schritt ganz einfach. Er lautet:

„Erfülle den Augenblick."

Tue das, was der Augenblick von Dir fordert, und tue es, so gut Du kannst, sodass Du sagen kannst:

„Ich habe mein Bestes gegeben."

Wer in jedem Augenblick tut, was zu tun ist und dabei sein Bestes gibt, der hat den Augenblick erfüllt. So erfüllt er einen Augenblick nach dem anderen und blickt eines Tagen auf eine Kette von erfüllten Augenblicken zurück,

AUF EIN ERFÜLLTES LEBEN!

Haben verhindert das Erhabene

Wer immer nur „haben will“, immer nur ans Geld, ans Besitzen denkt, ist alles andere als ein „erhabener Mensch“. Er ist alles andere als ein Mensch, der über den Dingen steht, über die Dinge erhaben ist.

Reichtum verhindert Erreichen

Die Sache ist klar. Wer nach Reichtum strebt, wird letzten Endes gar nichts erreichen: Jene sehr viel wesentlicheren Dinge, um die es im Leben geht, wie Reife, Weisheit, Güte, Harmonie bleiben ihm verschlossen.

Wer Fülle meidet, erreicht Erfüllung

Nicht zuviel wollen, nicht zuviel scheffeln, sich bescheiden können. Die wahre Erfüllung im Leben findet nur der, der die „Fülle meidet“. „Besitz besitzt den Besitzenden“, sagt Laotse an anderer Stelle.

Wer inne hält, erhält innen Rat

Innehalten bedeutet: zu sich selber kommen, in sich gehen, sich die wirklich wichtigen Dinge, auf die es in unserem Leben ankommt, bewusst machen.

Die 7 Schlüssel zum Glück

Schlüssel Nummer 1 zum Glück

Die Bedürfnisse reduzieren

Die meisten Menschen suchen nach dem Glück, haben aber gar keine Vorstellung davon, was Glück eigentlich ist. Sie glauben noch, dass Glück etwas ist, das man haben kann, und so suchen sie es im Reichtum, in der Macht, im Ruhm oder im Sex zu finden und meinen, wenn sie erst im Besitz dieser Dinge seien, dann wären sie glücklich.

Dann beginnt eine endlose und sinnlose Jagd nach dem Glück im Außen, aber immer, wenn sie einen solchen Glücksbringer erreicht haben, erkennen diese Menschen, dass sie keineswegs glücklicher geworden sind. Der Hungrige meint, er sei der glücklichste Mensch der Welt, wenn er nur satt zu essen habe. Ist er aber satt, so sehnt er sich nach einer gemütlichen Wohnung. Hat er die Wohnung, ist sein Traum ein eigenes Häuschen, und hat er das Häuschen, dann möchte er Anerkennung, und hat er die, dann fehlt im scheinbar nur noch die Macht zum Glück. Bei dieser sinnlosen Jagd nach dem Glück büßt er dann seine Gesundheit ein, und nun erscheint es ihm das höchste Glück, gesund zu sein. Ist er wieder gesund, geht die Jagd weiter, bis er feststellt, dass er alt geworden ist, ohne das Glück gefunden zu haben. Der Tod erlöst ihn dann „zum Glück“ auch nur vorübergehend von diesem sinnlosen Treiben.

Doch wenn er durch all dies nicht zur Einsicht gekommen ist, geht die Jagd in einem neuen Leben weiter. Bis er irgendwann erkennt, dass man Glück weder jagen noch besitzen kann, denn Glück ist ein Zustand der Seele. Deshalb spricht man auch von Glückseligkeit. Glück wächst nur dort, wo der Mensch in Harmonie mit der Schöpfung lebt, sich seiner Aufgabe bewusst wird und der Gnade, dem Ganzen dienen zu dürfen.

Solange es ihm an dieser Erkenntnis fehlt, sorgt „zum Glück“ das Leid dafür, dass er weiter sucht, bis er auf dem rechten Weg ist. Dann erkennt er, wie wenig man im Außen braucht, um glücklich zu sein, bis er wunschlos glücklich ist.

Schlüssel Nummer 2 zum Glück

Loslassen

Jede Bindung verursacht unweigerlich Leid, und so können wir nur wirklich glücklich sein, wenn wir alle Bindungen loslassen. Eines Tages werden wir dann gezwungen, alles loszulassen. Unseren Besitz, unsere unerfüllten Wünsche, geliebte Menschen usw. Wenn wir es dann noch nicht können, werden wir gezwungen – und müssen leiden.

Lassen wir also rechtzeitig los, damit wir wirklich frei werden und unbeschwert durchs Leben gehen können. Erkennen wir, dass Besitz uns ebenso gegeben wurde wie der Körper, als Werkzeug, um unsere Schöpfungsaufgabe besser erfüllen zu können. Also hängen wir nicht unser Herz an unsere Werkzeuge und lassen sie los, bevor sie uns genommen werden.

Der erste Schritt zum Loslassen ist das richtige Entspannen. Wir lassen unsere Anspannung und Fehlhaltung los. Lernen wir dann, auch den Begriff von Raum und Zeit loszulassen, bis wir endlich in der Lage sind, unser Ego loszulassen und uns frei unserer Aufgabe zuwenden zu können.

Dazu gehört, dass wir uns nicht durch unser Gemüt in Situationen oder Umstände verwickeln lassen, sondern in jedem Augenblick der stille Beobachter bleiben und dabei nichts ablehnen, zurückweisen oder bewerten, sondern einfach nur wahrnehmen im Bewusstsein: Alles, was geschieht, dient zu meinem Besten und will mir helfen, die Wahrheit und Wirklichkeit hinter dem Schein zu erkennen.

Dann erkenne ich meine wahre Bestimmung und lasse alles, was nicht dieser Bestimmung dient, als überflüssig los. Auch alle Erwartungen an andere, denn jeder Mensch hat das Recht, so zu sein, wie er gerade ist und zu erwachen, wann immer er dazu bereit ist. So lasse ich alles los, was geringer ist als Gott und erhalte Glück und Harmonie als sichere Zugabe, da sich durch mich nur noch Vollkommenheit ausdrückt.

Schlüssel Nummer 3 zum Glück

Rechtes Denken, Fühlen und Handeln

Wir alle können denken, und indem wir das tun, setzen wir Ursachen. Jeder Gedanke ist das Ergebnis eines Schöpfungsaktes. Die meisten denken, was Zeitungen, Bücher, Fernsehen und die Anderen ihnen vordenken. Wir sollten aber frei denken und allen negativen Gedanken die Kraft entziehen, indem wir unser Bewusstsein auf positive und aufbauende, hilfreiche Gedanken lenken. So nutzen wir die Gabe des Denkens optimal.

Doch das rechte Denken ist nur der erste Schritt. Das Denken erhält seine Kraft durch die bildhafte Vorstellung von dem erwünschten Endzustand und das Gefühl der Freude und Dankbarkeit, die wir mit dem betreffenden Gedanken verbinden. Damit wird die Schöpfung vollendet. Natürlich gehört dazu, dass ich auf meiner Ebene alles tue, um den erwünschten Endzustand zu verwirklichen, damit mein Handeln nicht zum Hindernis meines Glücks wird. Aber geschaffen wird diese neue Wirklichkeit durch den Gedanken. Denn wir alle sind aufgerufen, die Schöpfung mitzugestalten, und wir nehmen unser geistiges Erbe in Besitz, wenn wir die Gabe des Denkens bewusst aufbauend und hilfreich einsetzen.

Die Krönung des Ganzen aber ist der Glaube. Er ist die formende Kraft unseres Lebens. Wenn wir an die so genannten „Tatsachen" glauben, dann machen wir uns abhängig von Wirkungen. Wir aber sind aufgerufen, mit unserem Glauben Ursachen zu setzen und die Wirkungen bewusst zu verändern. Bevor Jesus half, fragte er stets: „Glaubst DU?", und wurde dies bejaht, so sprach er weiter: „Dir geschieht nach deinem Glauben." Unser Glaube setzt in uns Grenzen, unser wahres Selbst aber ist grenzenlos.

Wenn es uns gelingt, die Schranken des Glaubens aufzuheben, erkennt unsere schöpferische Kraft keine Grenzen mehr. So sind wir im festen Glauben, liebevolle und harmonische Ursachen zu setzen, durch die das geistige Gesetz wiederum unser Glück verursacht.

Schlüssel Nummer 4 zum Glück

Erfülle den Augenblick

Das heißt, dass wir das, was wir gerade tun, ganz tun sollten, mit unserem ganzen Bewusstsein, aber auch mit Freude. Denn wenn es wert ist, überhaupt getan zu werden, dann ist es auch wert, gut getan zu werden. Das heißt auch bewusst essen und trinken, bewusst unseren Körper wahrnehmen und seine Bewegungen, mit einem Wort, ganz bei der Sache sein, was immer die Sache gerade sein mag.

Viele Menschen möchten gern eine große Aufgabe in ihrem Leben erfüllen, anstatt die Aufgabe, die gerade zu erfüllen ist, wie eine große zu erfüllen. Denn es gibt in Wahrheit keine kleinen und großen Aufgaben. Es gibt nur die Möglichkeit, sie als kleine oder große zu erfüllen.

Hilfreich ist es, so oft wie möglich in die Stille zu gehen, um die Aufgabe, die der Augenblick uns stellt, auch zu erkennen. So können wir unsere Schwächen sehen und in Stärken umwandeln und unsere Stärken optimal einsetzen.

Doch um wirklich glücklich zu sein, brauchen wir etwas, für das wir uns begeistern können, das uns wirklich erfüllt. Besonders schön und erfüllend ist es, wenn wir uns für unsere Aufgabe begeistern können. Dann erkennen wir auch, dass es in jeder Sekunde unseres Lebens nur einen optimalen Schritt vorwärts gibt, aber unendlich viele „Freiheiten" von unserem Weg abzuweichen.

Wenn wir unseren Weg erkannt haben, schauen wir nicht mehr auf Raum oder Zeit noch auf den Ort, sondern richten unsere

Aufmerksamkeit nur noch darauf, was das Leben in diesem Augenblick durch uns verwirklichen will und erfüllen den Augenblick. Wir sind so in Harmonie mit dem Strom des Lebens und leben ein erfülltes Leben. Wir sind glücklich, weil wir sind.

Schlüssel Nummer 5 zum Glück

Liebe Deinen Nächsten

Nimm dich, dein kleines Ich nicht so wichtig, und erkenne die Einheit allen Seins. Erkenne, dass jeder Mensch von seinem wahren Wesen her reines individualisiertes Bewusstsein ist und daher eins mit dir. Nicht umsonst hat Jesus gesagt: „Was ihr dem geringsten meiner Brüder tut, habt ihr mir getan."

Das bedeutet natürlich auch, Verantwortung für den Anderen, den Nächsten, zu übernehmen, ja, für die ganze Schöpfung, denn jeder Teil der Schöpfung kann in jedem Augenblick mein Nächster sein. Mein Nächster ist jeweils derjenige, der gerade in mein Bewusstsein tritt und für den ich jetzt etwas tun kann. Das tue ich dann mit meiner ganzen Kraft und Aufmerksamkeit, aber danach lasse ich ihn los, um frei zu sein, mich einem anderen Nächsten zuzuwenden.

Dabei sollte ich mich selbst, oder besser: mein wahres Selbst nicht vergessen, denn ich bin meine Hauptaufgabe. Nicht das Ego mit seinen ewigen Wünschen und Begierden, sondern mein wahres Selbst, das jetzt schon vollkommen ist. Meine Aufgabe ist es, seine Vollkommenheit durch mich in mein Leben hinein wirken zu lassen, bis es mein Leben ganz bestimmt und mein ganzes Denken,

Fühlen und Handeln vollkommen geworden ist. „Ihr sollt vollkommen sein, wie der Vater im Himmel vollkommen ist", heißt es in der Bibel.

Doch der „Hauptschlüssel" zum Glück heißt: „Mach Andere glücklich, und du wirst glücklich sein." Denn eigenes Unglücklichsein ist ein Mangel an geschenktem Glück. Wir können nur bekommen, was wir geben, und wir ernten, was wir säen. Also sollten wir in jedem Augenblick bereit sein zu geben, was immer unsere Gabe gerade sein mag und wer immer sie braucht. Wir sollten geben ohne Ansehen der Person. Denn die Person ist nur ein vorübergehender Schein, die Wirklichkeit dahinter ist immer das Eine.

Vielleicht der schönste Schlüssel zum Glück aber ist das Segnen. Wir können eine Situation segnen oder einen Menschen. Denken Sie immer daran: Das Zweitschönste ist, gesegnet zu werden – das Schönste ist ZU SEGNEN!

Schlüssel Nummer 6 zum Glück

Das Glück in sich selbst finden

Nicht für unser jeweiliges Ich sollten wir das Glück suchen, sondern unser wahres Selbst verwirklichen. Denn in uns ist das ganze Glück, das wir in der Welt immer vergeblich suchen werden. Glück kommt nicht als äußere Gabe, sondern als inneres Sein.

Der erste Schritt hierzu ist die Selbsterkenntnis. Zur Selbsterkenntnis brauchen wir die Bereitschaft, Wirklichkeit wahrzunehmen.

Wenn Sie wirklich gebetet haben, dann sind Sie hinterher verwandelt. Ihr Bewusstsein ist erhaben, die Welt ist schöner, die Menschen sind besser, und das eigene Leben ist noch erfüllender. Wenn Sie nach dem Gebet ein solches Gefühl haben, dann und nur dann haben Sie wirklich gebetet.

Zum wahren Gebet gehört auch die Hingabe all dessen, was mit „ich will" beginnt. Das Aufgeben der Eigenwilligkeit sollte zugunsten der Bereitschaft erfolgen, Seinen Willen freudig zu erfüllen. Im wahren Gebet muss ich mich ändern, erhebe ich mein Bewusstsein in die Einheit mit dem Höchsten. Wahres Gebet ist das Bestreben des physischen Bewusstseins, in Einklang zu kommen mit dem Bewusstsein des Schöpfers, bis mein ganzes Leben ein Gebet geworden ist.

Natürlich darf ich auch das Danken nicht vergessen. Das Danken für das Viele, das ich schon habe und für die Erkenntnis, dass ich alles, wirklich alles, was ich für mein Glück brauche, bereits jetzt besitze. Und dafür bin ich dankbar.

Im Gebet spreche ich zu Gott,
in der Meditation spricht Gott zu mir.

Der Weg von der Vielfalt zur Einheit

1.) Die Ein-Sicht

Sobald wir uns von dem äußeren Schein ab- und der inneren Wirklichkeit zuwenden, erkennen wir unsere Wahrheit. Das, was wirkt, wird immer klarer, wir bekommen Einsicht. Das wahre Leben beginnt.

2.) Ein-Klang

Durch diese Einsicht werden wir bereit, unseren Willen mehr und mehr loszulassen und in Einklang zu bringen mit dem Schöpfungswillen. Wir erkennen dies als direkten Weg und die Eigenwilligkeit als Umweg.

3.) Über-Ein-Stimmung

Dadurch stimmen wir überein mit der „Symphonie der Schöpfung". Jeder Misston ist beseitigt, und wir übernehmen immer vollkommener unseren Teil der Aufgabe, tragen bei zur Vollkommenheit der Schöpfung. Schöpfung geschieht durch uns. Wir erleben bewusst, was Gott durch uns will. Gott wirkt durch mich als ich.

4.) Ein-Führung

Sobald wir so zum Kanal geworden sind, setzt die innere Führung ein durch die Intuition. Es ist die höchste Form des Bewusstseins. Die Intuition führt uns ein in das innerste Wesen allen Seins.

5.) Ein-Weihung

Nun weihen wir uns ganz dem Einen, als Folge der Erleuchtung, des Weges aus dem Dunkel der Unwissenheit in das Licht der Weisheit. Es ist die geistige Wiedergeburt. Das Ziel der Evolution.

6.) Ein-Falt

Die Vielfalt der vergänglichen Erscheinungsformen vereinigt sich zur Einheit des wahren Seins. Die gefalteten Hände sind das äußere Symbol hierfür. Die Vielfalt der vergänglichen Erscheinungsformen (als Symbol die zehn Finger) findet sich in der Dualität, den beiden Händen und vereinigt sich in den gefalteten Händen zur Einfalt – dem Einssein.

7.) Ver-innerlich-ung

Der Schein des Getrenntseins ist aufgehoben. Der Tropfen fließt zurück in den Ozean. Die Individualität hört auf zu sein, das Eine und das Andere werden eins in allem. Der individualisierte Teil des einen Bewusstseins ist zurückgekehrt in das göttliche Ganze. Der Vater und ich sind eins!

ICH BIN AUF DEM RICHTIGEN WEG ...

... wenn ich immer wieder mein Leben überschaue und prüfe, was zu ändern ist.

... wenn ich erkenne, dass es nicht wichtig ist, an welchem Platz ich im Leben stehe, sondern nur, wie ich ihn ausfülle.

... wenn ich jedem Menschen gestatte, so zu sein, wie er nun einmal ist und ihm von vornherein alles vergebe, was immer er auch tun mag.

... wenn ich erkenne, dass niemand mich ärgern, kränken, beleidigen, enttäuschen oder verletzen kann, nur ich selbst, und dass ich es jederzeit auch lassen kann.

... wenn ich in jedem Menschen die Wirklichkeit hinter dem Schein, die inkarnierte Gottheit erkenne und achte.

... wenn ich aus meinem Leben einen Dienst am Nächsten mache und ohne mich einzumischen oder Aufhebens davon zu machen der Gemeinschaft diene.

... wenn ich mich nicht mehr mit der Rolle identifiziere, die ich hier in dieser Welt spiele, sondern meinem wahren Selbst die Herrschaft übergebe und mehr und mehr die Vollkommenheit meines wahren Seins in meinem Leben zum Ausdruck bringe.

... wenn ich die Gesetze des Lebens, die die großen Meister überliefert haben, erkenne und beachte und mein geistiges Erbe antrete.

... wenn ich meinen Körper als den Tempel Gottes rein halte und alles Tun als etwas Heiliges betrachte, sodass mein ganzes Leben zum Gebet wird.

... wenn ich erkenne, dass ich selbst mein Schicksal verursache und dass Gott will, dass ich gesund und glücklich bin.

... wenn ich erkenne, dass wir nicht für unsere Sünden bestraft werden, sondern von unseren Sünden, und dass es weder unverdientes

Glück noch unverdientes Leid gibt, sondern nur Ursache und Wirkung.

... wenn ich in jeder Krankheit den Freund und Partner erkenne, der mir hilft zu verstehen, wo ich die Ordnung gestört habe und diese Aufforderung dankbar nutze, die Ordnung wieder herzustellen und weitere Krankheit durch mein erhöhtes Bewusstsein überflüssig mache.

... wenn ich erkenne, dass der Mensch als Mitschöpfer berufen ist und ich Gott bewusst durch mich wirken lasse.

... wenn ich meine Aufmerksamkeit mehr und mehr nach innen richte, auf die ewigen Werte, und danach trachte, sie zu mehren und gleichzeitig alles Äußere loslasse.

... wenn ich erkenne, dass der Tod die Krönung des Lebens ist und ich es selbst in der Hand habe, leicht zu sterben, indem ich vorher alles Äußere loslasse.

... wenn ich weiß, dass ich in Wirklichkeit reines Bewusstsein bin und daher weder geboren werden noch sterben kann. Welchen Tod also könnte ich fürchten?

... wenn ich erkenne, dass das, was wir ein Leben nennen, nur ein Tag meines ewigen Seins ist.

... wenn ich jeden Tag so lebe, als sei es mein letzter und in jeder Minute bereit bin zu gehen.

... wenn ich auch meine äußeren Angelegenheiten so regele, dass mein Gehen Anderen keine zusätzlichen Probleme schafft.

... wenn ich erkenne, dass selbst der Tod kein Übel ist und alles, was geringer als der Tod ist, gelassen hinnehme.

... wenn ich erkenne, dass der beste Weg, sich auf das nächste Leben vorzubereiten, ist, dieses Leben wirklich zu leben und den Augenblick zu erfüllen.

... wenn ich gleich beim Erwachen diesen Tag Gott weihe.

... wenn ich all das, was ich schon als gut und richtig erkannt habe, auch täglich praktisch lebe, anstatt es nur zu bewundern.

Anhang

Die 7 Körper des Menschen

1.) Der physische Körper

Er ist der dichteste der sieben Körper des Menschen. Er dient dem Menschen als Werkzeug auf der Ebene der Materie. Er benötigt stoffliche Nahrung als Energieträger und Baumaterial. Die Qualität des Körpers entspricht der Qualität der Nahrung, die funktionelle Beschaffenheit der Qualität der Gedanken.

2.) Der Ätherkörper

Er ist das genaue Doppel des physischen Körpers, jedoch aus feinstofflichem Material. Aufgabe des Ätherkörpers ist es, die Lebensenergie „Prana" aufzunehmen und dem physischen Körper zu vermitteln. Das wahre Selbst eines Menschen kann nur soviel seines Wissens und seiner Kräfte nutzen, wie es durch diese beiden Körper auszudrücken vermag.

3.) Der Astralkörper

Dieser Körper, ist der Träger der Begierden, Leidenschaften und Empfindungen des Menschen. Er durchdringt und umgibt die beiden anderen Körper, und sein überragender Teil ergibt die Aura. Er reagiert besonders auf die Qualität der Gedanken. Der Mensch muss zunächst sein physisches Bewusstsein erweitern, bevor er sein astrales Bewusstsein entwickeln kann. Mithilfe des Astralkörpers kann der Mensch sich frei und mit ungeheurer Geschwindigkeit bewegen, er ist jedoch erst von einer gewissen spirituellen Reife an in der Lage, seine Erfahrungen dem physischen Gehirn einzuprägen.

4.) Der Mentalkörper

Er ist das Werkzeug des Selbst für die Tätigkeit des Denkens und des vernünftigen Urteilens. Er ist der letzte Körper des Menschen, der noch aus Substanz besteht und daher sterblich ist. In ihm manifestiert sich das Selbst als Intellekt. Wir entwickeln den Mentalkörper schneller, wenn wir unser Denken mehr und mehr auf einen Punkt konzentrieren und uns in folgerichtigem Denken schulen. Er bedarf keiner Sinne mehr und nimmt alle Schwingungsqualitäten gleichzeitig in Farbe, Ton und Form wahr. Umgekehrt ist jeder Gedanke, der von ihm ausgeht, ein farbiges musikalisches und mehrdimensionales Bild.

5.) Der Kausalkörper

Er ist der Sitz des Gewissens und des kosmischen Bewusstseins. Er besteht während des gesamten Zyklus der Inkarnationen und wird erst aufgelöst, wenn keine Notwendigkeit mehr besteht, als Mensch wiedergeboren zu werden. Nur absolut selbstlose Gedanken und Taten sind geeignet, diesen Körper zu entwickeln. In diesem Körper werden Wünsche, Absichten und Verlangen zu Kräften, Talenten und Fähigkeiten für das nächste Leben verarbeitet.

6.) Der Buddhikörper

Dieser Körper ist die erste Emanation des Geistes und der Kern unserer Seele. Er ist der Körper der Seligkeit, der Sitz der Allwissenheit und des Bewusstseins der Einheit.

7.) Atma

Atma ist reines, individualisiertes Bewusstsein, der Gottesfunken in uns, die Ursache allen Seins.

Leserservice

PROF. KURT TEPPERWEIN PERSÖNLICH ERLEBEN:

Wünschen Sie, tiefer in das Thema dieses Buches einzusteigen und die Chance zu nutzen, Prof. Kurt Tepperwein live zu erleben?

Wir bieten Ihnen die folgenden Seminarc und Ausbildungen an:

SEMINARE:

- ❑ Mentalkybernetik
- ❑ Heile Dich selbst
- ❑ Perlen der Weisheit
- ❑ Erfolgreiche Praxisführung
- ❑ Erfolg-reich-sein
- ❑ Optimales Selbstmanagement
- ❑ Atman (Durchbruch zur Wirklichkeit)
- ❑ Der Tepperwein-Prozess
- ❑ Märchenhaft leben
- ❑ Ferienakademien

AUSBILDUNGEN:

- ❑ Dipl. Lebensberater
- ❑ Dipl. Intuitions-Trainer
- ❑ Dipl. Bewusstseins-Trainer
- ❑ Dipl. Seminarleiter

HEIMSTUDIENGÄNGE:

- ❑ Dipl. Lebensberater
- ❑ Dipl. Intuitions-Trainer
- ❑ Dipl. Erfolgs-Trainer
- ❑ Dipl. Mental-Trainer
- ❑ Dipl. Seminarleiter
- ❑ Dipl. Mental-Gesundheitsberater

GESAMTPROGRAMM:

- ❑ Gesamtseminar- und Ausbildungsprogramm der IAW
- ❑ Neuheiten der Bücher, Audio- und Videoprogramme von Prof. Kurt Tepperwein

Dazu ein persönliches Geschenk:

Die 20-seitige Broschüre „Praktisches Wissen kurz gefasst" von Prof. Kurt Tepperwein.

Sie erhalten Ihre gewünschten Informationen selbstverständlich kostenlos und unverbindlich bei:

Schweiz: Internationale Akademie der Wissenschaften (IAW)
St. Markusgasse 11 · FL-9490 Vaduz
Telefon 075 / 233 12 12 · Fax 075 / 233 12 14

Deutschland: Telefon / Fax 0911 / 69 92 47 (Beratungssekretariat)

Kurt Tepperwein

Hilf Dir selbst, sonst tut es keiner

ISBN 3-931652-52-1
144 Seiten · broschiert
DM 24,90

Was wir für unsere spirituelle und praktische Entwicklung tun können, ist das Thema dieses Buches. „Wenn Sie heute sterben würden, an was würden Sie noch hängen? Was würde Ihnen schwer fallen, loszulassen?" – Fragen, die uns bewusst machen, dass wir letztlich alles nur leihweise besitzen, und dass es deshalb umso wichtiger ist, unsere Zeit und Energie den für uns wesentlichen Dingen zu widmen, um ein erfolgreiches und erfülltes Leben zu haben.
Mit wunderbaren Meditationen und Praxistests, wie z.B. einer Methode zur Schmerzauflösung.

Kurt Tepperwein

Jung und vital bis ins hohe Alter

ISBN 3-931652-81-5
168 Seiten · broschiert
DM 26,90

Einmal mehr macht uns Tepperwein die Möglichkeiten unserer geistigen Kräfte bewusst: „Wir als Menschen entscheiden, ob wir am Strom des Lebens oder dem des Todes teilnehmen ..." – und das in jeder Sekunde unseres Lebens. Jugend und Vitalität bis ins hohe Alter können wir erhalten, wenn wir uns dem Wandel und den Gezeiten des Lebens hingeben, wenn die Quelle unserer Energie der Vitalstrom des Lebens selbst ist. Dazu gehört der freie Ausdruck der Seele, die richtige stoffliche, geistige und seelische Nahrung und der richtige Umgang mit unserer Sexualenergie.

Kurt Tepperwein

Herz-Karten

ISBN 3-931652-51-3
77 Karten
DM 19,90

Die Herz-Karten sind sinn-volle Lichtträger, sie bringen mehr Freude, Glück und Liebe in Dein Leben. Sie zeigen Dir in einfacher Weise den Weg vom Hirn-Denker zum Herz-Denker auf.
Konzentriere Dich auf Dich selbst, und nimm Dir einige Minuten Zeit, aktive Seelenhygiene zu betreiben. Schließe sanft Deine Augen, und atme einige Male ganz tief ein und aus!
Öffne dann sanft die Augen, und ziehe intuitiv Deine Karte. Lies bewusst die Affirmation, und lasse sie in Dein Herz einfließen.

Dick Nijssen

Spirituelle Erkenntnis-Karten

ISBN 3-931652-69-6
78 Karten
DM 19,90

Die Karten können Dir als Unterstützung und Bezugspunkt auf Deiner spirituellen Reise dienen. Die beste Wirkung erzielst Du mit diesen Karten, wenn Du alles über das Thema, in das Du mehr Einsicht haben möchtest, mit einem oder mehreren Menschen besprichst. Wenn Du alles ausgesprochen hast, ziehst Du eine Erkenntniskarte und vertraust den anderen an, was sie tief in Dir bewegt.

Weitere Karten von Dick Nijssen:

Erkenntnis-Karten
ISBN 3-931652-39-4 · 78 Karten · DM 19,90

Psychologische Erkenntniskarten
ISBN 3-931652-58-0 · 78 Karten · DM 19,90

Satya Singh

Der Reif

Roman

ISBN 3-931652-55-6
370 Seiten · gebunden
mit vielen Bildern
DM 29,90

Der Reif mit den kostbaren zwölf Steinen gehörte vor über drei Jahrhunderten einem indischen Meister, der seine Macht missbrauchte, wodurch der Reif samt seinen Steinen verloren ging. Dieser Meister wird als Archäologe in unserer Zeit wiedergeboren und macht sich mit einer indischen Seherin auf die Suche nach dem Reif und den dazugehörenden Steinen. Er besteht viele Abenteuer und wird zugleich in die Praxis und die geistigen Hintergründe des Yoga eingeführt.

Die Yoga-Übungen werden am Ende des Buches mit Illustrationen dargestellt und erläutert.

Beate Bock

Un-Mögliches möglich machen

Ein Übungsbuch

ISBN 3-923781-67-9
168 Seiten · broschiert
DM 24,90

Dieses Buch ist für Menschen geschrieben, die ihr Leben in einfacher Weise positiv verändern wollen. Beate Bock stellt Übungen vor, die im alltäglichen Leben mit erstaunlicher Leichtigkeit anzuwenden sind. Jeder kann die für ihn passenden Übungen wählen, um sein Leben einfach und vergnüglich positiv zu verändern.